9720008

Buch

Thorwald Dethlefsen ist es gelungen, Menschen in Hypnose in frühere Leben zurückzuführen und sie aus diesem Leben erzählen zu lassen.

In diesem Buch berichtet er von seinen sensationellen Versuchen, legt seine Erkenntnisse dar und beschreibt die Konsequenzen. Gegen die modernen Wissenschaften, gegen Medizin und Psychologie setzt er die Lehre von einem Menschen, der die Verantwortung für sein Schicksal selbst trägt.

Autor

Thorwald Dethlefsen lebt und praktiziert in München. Er ist inzwischen einer der bekanntesten Hypnosetherapeuten und Psychologen.

Außer dem vorliegenden Band ist von Thorwald Dethlefsen als Goldmann-Taschenbuch erschienen:

Schicksal als Chance (11723)
Das Erlebnis der Wiedergeburt (11749)
Gut und Böse (12114)

Thorwald
DETHLEFSEN

Das Leben
nach dem Leben

Gespräche mit Wiedergeborenen

GOLDMANN VERLAG

Die wirklichen Namen der Teilnehmer an den
Hypnosesitzungen sind dem Originalverlag bekannt.
Adresse des Autors: 8 München 43, Postfach 204

Der Goldmann Verlag
ist ein Unternehmen der Verlagsgruppe Bertelsmann

Made in Germany · 2. Auflage · 4/92
Genehmigte Taschenbuchausgabe
© 1974/78 C. Bertelsmann Verlag GmbH, München
Umschlaggestaltung: Design Team München
Umschlagfoto: Design Team München
Satz IBV Lichtsatz KG, Berlin
Druck: Elsnerdruck, Berlin
Verlagsnummer: 11748
DvW · Herstellung: Sebastian Stromaier/SC
ISBN 3-442-11748-8

Inhaltsverzeichnis

Der Schock 7

Die Entdeckung der Wirklichkeit 99

Die Anwendung der Wirklichkeit 141

Der Weg 185

Der Schock

»Es ist nicht erstaunlicher, zweimal geboren zu werden als einmal. Alles in der Natur ist Auferstehung.«

Voltaire

Am 3. Juni 1968 traf ich mich mit einigen Bekannten in einer Münchner Wohnung. Wir wollten einen angenehmen Abend verbringen und einige Psycho-Experimente veranstalten. Ich konnte nicht ahnen, daß dieser Abend für mich lebensentscheidend werden sollte, denn diese Montagabende dienten nur unserer Unterhaltung. Mehr erwarteten wir nicht.

Wie immer steuerte ich ein paar Hypnose-Experimente bei. Ich bat die Anwesenden, die Augen zu schließen, sich völlig zu entspannen und sich nur noch auf meine monotonen Worte zu konzentrieren. Schon nach wenigen Minuten sah ich, daß zwei Personen in einen hypnotischen Tiefschlaf gesunken waren: Herr Rudolf T., ein fünfundzwanzigjähriger Student der Technik, der sich vor Monaten schon einmal als gutes Medium erwiesen hatte, und eine junge Dame, die zum erstenmal teilnahm.

Die übrigen Versuchspersonen, teils noch wach, teils bereits in einem leichten Dämmerzustand, schloß ich in diesem Moment aus, um mich auf meine beiden besten Medien konzentrieren zu können. Ich plante einen »age regression«.

Darunter versteht man ein Verfahren, Menschen unter Hypnose in ein früheres Lebensalter zurückzuführen. In diesem Zustand weiß die betreffende Versuchsperson Einzelheiten, die sie in der Zwischenzeit längst vergessen hatte, andererseits ist alles, was sie nach diesem Punkt, zu dem sie zurückversetzt wurde, erlebt, gelernt und erfahren hatte, völlig ausgelöscht. Die Versuchsperson benimmt und verhält sich so, wie es dem damaligen Alter entspricht, schreibt mit der Schrift, die sie damals schrieb. Regression

9

in Hypnose heißt nicht, daß die Versuchsperson sich an frühere Lebensabschnitte überdeutlich *erinnert*, sondern daß sie sie *wieder erlebt*, mit all den damaligen Stimmungen und Gefühlen. Versetzt man also einen vierzigjährigen Mann in das Alter von acht Jahren, dann schreibt er mit der Schrift, die er als Achtjähriger schrieb, macht die gleichen Rechtschreibfehler wie damals, weiß nicht, wieviel die Wurzel aus neun ist, auch wenn er inzwischen Mathematikprofessor geworden ist. Daß es sich hierbei nicht, wie häufig vermutet, um eine Imitation aus dem Gedächtnis oder ähnliches handelt, zeigen experimentelle Untersuchungen an wissenschaftlichen Instituten verschiedener Länder:

W. H. Roberts und D. Black stellten in einem Fall von Kurzsichtigkeit fest, daß der Hypnotisierte nach einer Rückführung auf ein früheres Alter eine Besserung seines Leidens verspürte. Während dieses Versuchs wurde die Versuchsperson untersucht. Dabei stellte sich heraus, daß sich die Augenbewegungen veränderten und dem jeweiligen Alter anpaßten. Als der Testperson ein Alter von wenigen Monaten suggeriert wurde, begannen sich die Lidspalten zu kontrahieren, die Augäpfel bewegten sich zueinander und voneinander weg. Diese unassoziierten Augenbewegungen sind für ein neugeborenes Kind typisch und können von einem Erwachsenen nicht willkürlich simuliert werden.

Ich begann also an diesem 3. Juni damit, meinen Versuchspersonen den hypnotischen Befehl zu geben, in ihrem Leben immer weiter zurückzugehen, ohne Rücksicht auf die reale Zeit, einfach immer weiter zurück. An einigen markanten Punkten hielt ich an und stellte Fragen, so zum Beispiel nach dem Namen der Schule und der Lehrer, welcher Wochentag zu einem bestimmten Datum gehöre, welche Geschenke sie am zehnten, achten beziehungsweise sechsten Geburtstag bekommen hatten, welches Kleid die Mutter an diesen Geburtstagen getragen hatte usw. Die Medien antworteten, versuchten die gestellten Rechenaufgaben zu lösen und schrieben schließlich auf Befehl ihre Namen und andere Worte in der Schrift ihres suggerierten Alters nieder.

In diesem Moment kam mir ein verrückter Einfall. Ich fragte mich: Muß man die Altersregression denn unbedingt kurz vor dem Geburtsmoment abbrechen?

4 Jahre:

7 Jahre:

Hans

Heribert

9 Jahre: Heribert

12 Jahre: Herbert

14 Jahre: Herbert

17 Jahre: *Heribt*

Diese Namenszüge hat eine Versuchsperson innerhalb der Hypnosesitzung in den verschiedenen suggerierten Lebensaltern geschrieben.

6 Jahre:	Reinhard Vo el
7 Jahre:	Reinhard Vogel Veilchen
8 Jahre:	Reinhard
10 Jahre:	Reinhard
12 Jahre:	Reinhard
15 Jahre:	R Reinhard
18 Jahre:	Reinhard παιδεύω

Diese Namenszüge hat eine Versuchsperson innerhalb einer Hypnosesitzung in den verschiedenen suggerierten Altersstadien geschrieben.

Wenn ja, warum? Wenn nein – wohin würde ein weiteres Zurückgehen auf der Zeitachse führen? Sollte man so etwas einfach versuchen? Was könnte passieren? Bestünden Gefahren für das Medium? – Wo beginnt das Menschenleben? Bei der Geburt? Sicherlich nicht! In der Gebärmutter? Vielleicht! Aber wann? Wo ist der Punkt, an dem individuelles Leben beginnt? Auf einmal wurde mir klar, daß die Methode der hypnotischen Altersregression die wahrscheinlich einzige sein müßte, die zu einer eindeutigen Beantwortung all dieser Fragen führt. Gleichzeitig wußte ich, daß ich heute abend die Regression nicht bei der Geburt abbrechen würde – ich wollte weitergehen – die Schranke der Geburt durchstoßen –, auf was und wohin ich stoßen würde, wußte ich freilich nicht, aber ich wollte Neuland betreten. Ich wollte versuchen, mich mit einem Embryo zu unterhalten!

Ich wandte mich wieder an meine Medien, die, zurückversetzt auf sechs Jahre, ruhig und tief schliefen: »Ihr seid sechs Jahre alt – wir gehen weiter zurück – ihr seid vier Jahre alt – ihr seid zwei Jahre alt – wir gehen weiter zurück in eurem Leben – Zeit spielt für uns keine Rolle – ihr seid ein Jahr alt – wir gehen weiter zurück – heute ist der Tag eurer Geburt ... schildert mir eure Eindrücke!«

Fräulein P. schwieg, doch Rudolf T. begann schwer und tief atmend zu sprechen:

»Ziemlich hell und kalt.«

Ich suggerierte:

»Wir gehen noch ein bißchen weiter zurück – wir stehen ganz kurz vor deiner Geburt – was fühlst du – welchen Eindruck hast du?«

»Es ist ziemlich eng.«

»Kannst du irgend etwas sehen?«

»Nein.«

»Wir gehen um zwei Monate weiter zurück! Sag mir, was fühlst du, was spürst du?«

»Nichts ... Nichts!«

»Wir gehen noch weiter zurück – wir gehen um ein ganzes Jahr weiter zurück! Wo befindest du dich?«

»Ich weiß nicht!«

»Ist es hell oder dunkel?«

»Ich sehe nichts; alles ist so leer!«

»Sag mir deinen Namen!«

»Ich habe keinen!«

»Welches Jahr schreiben wir?«

»Weiß ich nicht!«

»Wir gehen jetzt noch weiter zurück, und zwar so lange, bis du auf irgendein markantes Ereignis stößt, das du genau schildern und beschreiben kannst. Du wirst mir dann sagen, was du siehst und wo du bist – so lange gehen wir in der Zeit zurück, bis du auf ein Ereignis stößt, das man in Worte fassen kann!«

Herr T. atmet schwer – fast atemlos starren ich und die Anwesenden ihn an – wie wird es weitergehen – wohin wird uns dieses Experiment führen? Herr T. beginnt zu sprechen – schwer gepreßt:

»Ja, ich bin in einem Keller.«

»Wo ist dieser Keller? In welchem Ort – welcher Stadt?«

»Wissembourg.«

»In welchem Land befindest du dich?«

»In Frankreich.«

»Wie heißt du?«

»Guy Lafarge!«

»Wo befindest du dich?«

»Im Keller.«

»In welcher Straße ist dieser Keller?«

»Rue du Connétable!«

»Warum bist du im Keller?«

»Krieg.«

»Es ist Krieg?«

»Ja.«

»Was für ein Krieg?«

»Gegen die Preußen.«

»Welches Jahr schreiben wir?«

»1870.«

»Wie alt bist du denn?«

»18 Jahre!«

Traum und Wirklichkeit schienen zu verschmelzen. Die Zeitdimension änderte ihre gewohnte Richtung. Ich sprach nicht mehr mit dem Menschen, der vor mir saß, nämlich Herrn T. – fünfundzwanzig Jahre alt, stud. ing., wohnhaft in München, sondern mit einem Herrn Guy Lafarge, achtzehn Jahre alt, wohnhaft in Wissembourg, Augenzeuge des Deutsch-Französischen Krieges! Was war geschehen? Hatte ich eine Vision? Bestimmt nicht, denn die übrigen zwanzig Teilnehmer starrten ähnlich gebannt wie ich auf das schlafende Medium. Vielleicht erlaubt sich unser Medium einen Spaß? Auch das konnte man kaum glauben, wenn man Herrn T. – inzwischen eigentlich Monsieur Guy Lafarge – ansah: Er saß da, seit über einer Stunde im hypnotischen Tiefschlaf, atmete schwer, antwortete mit knappen Worten auf meine Fragen – ein Spaß war ausgeschlossen, das wußten wir alle! Das hieß aber: Wir hatten es mit einer Realität zu tun, die in unsere Realität nicht hineinpaßt.

All diese Fragen zu lösen, hatte ich jetzt keine Zeit. Wie sollte ich das Experiment weiterlaufen lassen? Da fiel mein Blick auf Fräulein P. Fast hätte ich sie vergessen. Sie befand sich ja ebenfalls noch in Hypnose, folglich mußte sie auch alle meine Worte, die ich an Herrn T. richtete, miterleben, auch wenn sie seit einiger Zeit keine Antwort mehr gab.

Ich beschloß also, das Experiment auf dem kürzesten Weg zu Ende zu führen. Ich befahl meinen Medien, in der Zeit wieder nach vorn zu gehen, weiter und weiter.

Und ich atmete erleichtert auf, als mein Medium auf meine Fragen sich wieder mit seinem jetzigen Namen meldete. Ich bewegte mich wieder in den mir wohlvertrauten Grenzen meines Regressionsexperiments.

Behutsam führte ich ihn auf sein eigentliches Alter von fünfundzwanzig Jahren und weckte ihn auf. Die beiden Medien wachten auf, schauten etwas erstaunt und hilflos im Kreis der sie anstarrenden Zuschauer herum und wollten kaum glauben, daß sie fast zwei Stunden lang im hypnotischen Tiefschlaf verbracht hatten.

Die Befragung ergab, daß sie sich an nichts erinnern konnten, was in Hypnose geschehen war und gesprochen wurde. Diese häufige Erscheinung nennt man totale Amnesie; sie ist ein Kennzeichen für die Tiefe des Hypnoseschlafes; nach leichten und mittleren Hypnosestadien tritt totale Amnesie (Erinnerungslosigkeit) nicht von selbst auf, jedoch regelmäßig nach somnambulen Stadien.

Ich verpflichtete das Auditorium, kein Wort über die Experimente dem Medium gegenüber zu erwähnen, weil ich das begonnene Experiment der Zurückversetzung in ein früheres Leben eine Woche später gut vorbereitet und nach genauem Plan wiederholen und fortsetzen wollte, ohne daß mein Medium über den Inhalt informiert würde.

Mit demselben Medium veranstaltete ich also eine zweite Sitzung im Nebenraum eines Münchner Hotels mit weniger Leuten. Insgesamt waren es sieben Zeugen. Diesmal hatte ich eine exakt geplante Checkliste vor mir liegen, und diesmal lief auch ein Tonband mit. Es zeichnete folgendes Gespräch auf:

Protokoll

Guy Lafarge, geb. 1852, gest. im Februar 1880
Sitzung am 10. Juni 1968

H = Hypnotiseur; M = Medium.

»Wir haben heute den 10. Juni 1968, es ist halb neun Uhr, wir sitzen zusammen und bereiten ein Hypnose-Experiment vor.

Zur Kontrolle sind folgende Personen anwesend: Peter W., Ursula W., Horst G., Rolf Sch., Rudolf S., Jörg Sch., Medium ist Herr T., Hypnotiseur Thorwald Dethlefsen.

H: Sie schlafen... ganz tief – ganz fest... Ihr Schlaf vertieft sich – immer tiefer – immer tiefer wird Ihr Schlaf... Sie fühlen sich wohl – Ihr Körper ist entspannt – Sie atmen ruhig und gleichmäßig... Sie schlafen tief und fest... Sie werden so lange schlafen, bis ich Ihnen den ausdrücklichen Befehl gebe aufzuwachen... so lange schlafen Sie tief und fest... erst wenn ich Ihnen befehle aufzuwachen, werden Sie aufwachen – vorher nicht... so lange werden Sie tief und fest schlafen... Sie stehen ganz unter meinem Einfluß... Sie können alles hören und fühlen, was ich Ihnen sage... Sie spüren nun, wie es wärmer wird – immer wärmer – es wird heiß... noch heißer... Sie beginnen zu schwitzen... Schweiß läuft Ihnen von der Stirne... Ihr Mund ist trocken... Sie müssen schlucken... es wird noch heißer... es wird unerträglich heiß... Sie schwitzen... Ihr Schweiß rinnt Ihnen von Ihrer Stirn... versuchen Sie sich Kühlung zu verschaffen... es ist heiß, furchtbar heiß... die Hitze läßt nach... es wird kühler... und jetzt ist die Temperatur angenehm – Sie fühlen sich wohl... Sie schlafen ganz tief, ganz fest... wir gehen nun in Ihrem Leben zurück... Zeit spielt für uns keine Rolle... Sie sind 23 Jahre alt... Sie sind 20 Jahre alt... Sie sind 18 Jahre alt... wir gehen weiter zurück... Sie sind 16 Jahre alt... antworten Sie mir bitte, welches Jahr schreiben wir?

M: Sechzig...

H: Wann sind Sie geboren?

M: 1943.

H: Wie alt sind Sie?

M: Sechzehn.

H: Welches Jahr schreiben wir?

M: Neunundfünfzig.

H: Wir gehen weiter zurück... Sie sind fünfzehn Jahre alt... Sie sind vierzehn Jahre alt... Sie sind zwölf Jahre alt... Sie sind zehn Jahre alt... in welche Schule gehen Sie?

M: In die Volksschule.

H: In welchem Ort befindet sich die Schule?

M: In Lemberg.

H: In welche Klasse gehst du?

M: Vierte (unverständlich).

H: Wie alt bist du?

M: Zehn Jahre.

H: Wir gehen weiter zurück. Du bist acht Jahre alt... du bist sechs Jahre alt... Heute ist dein sechster Geburtstag. Heute ist dein sechster Geburtstag, sage mir, welchen Wochentag haben wir heute?

M: (langes schweres Atmen)... Dienstag (13.9.49 = Dienstag!!!).

H: Wir gehen weiter zurück... du bist vier Jahre alt... du bist zwei Jahre alt... du bist ein Jahr alt... Sag mir, wo befindest du dich?

M: Im Korb.

H: Wo steht dieser Korb?

M: Im Schlafzimmer.

H: Du bist ein Jahr alt... Kannst du mir etwas über deine Gesundheit sagen?

M: ...ich bin wieder gesund.

H: Warst du krank?

M: Ja.

H: Was hattest du denn?

M: Blutvergiftung... Keuchhusten... Rippenfellentzündung.

H: Wie hieß denn die Klinik, in der du warst?

M: Kinderklinik.

H: Wir gehen weiter zurück: Heute ist der Tag deiner Geburt... wir haben jetzt gerade den Augenblick, in dem du geboren wirst... wir befinden uns direkt bei deiner Geburt... schildere mir bitte deine Eindrücke!

M: Ziemlich hell und kalt.

H: Es ist hell und kalt?

M: Ja.

H: Spürst du sonst noch etwas?

M: Nein.

H: Kannst du mir den Ort angeben, in dem du dich befindest?

M: Nein.

H: Wir gehen noch ein bißchen weiter zurück... wir stehen ganz kurz vor deiner Geburt... was spürst du, was fühlst du, welche Eindrücke hast du?

M: Es ist ziemlich eng...

H: Kannst du irgend etwas sehen?

M: Nein.

H: Kannst du etwas fühlen? Kannst du mir sagen, aus was deine Umgebung besteht?

M: Nein.

H: Wir gehen weiter zurück... wir gehen um zwei Monate zurück... sag mir, was spürst du, was fühlst du?

M: Nichts... nichts.

H: Wir gehen noch weiter zurück... wir gehen um ein Jahr weiter zurück... wo befindest du dich?

M: (undeutlich) Ich weiß nicht.

H: Kannst du irgendwelche Gefühle oder Eindrücke wiedergeben?

M: ...nein...

H: Ist es hell oder dunkel?

M: Ich sehe nichts!

H: Kannst du versuchen, den Ort anzugeben, wo du bist?... wenigstens wie dieser Ort beschaffen ist?

M: Alles so leer...

H: Wie würdest du den Zustand, in dem du dich befindest, umschreiben?

M: ...hm... schwebend.

H: Hast du irgendwelche Empfindungen?

M: Nein.

H: Sag mir deinen Namen!

M: Ich hab' keinen.

H: Wie groß bist du etwa?

M: Das weiß ich nicht.

H: ...welches Jahr schreiben wir?

M: ...weiß ich nicht.

H: Hast du irgendwelchen Kontakt mit anderen Lebewesen, mit
anderen Leuten, anderen Menschen, anderen Gestalten?

M: Nein.

H: Kannst du Schmerz empfinden?

M: Nein.

H: Kannst du Hell und Dunkel unterscheiden?

M: (längeres Wort, unverständlich)...

H: Gehen wir jetzt noch weiter zurück, und zwar so lange, bis du
auf irgendein markantes Ereignis stößt... das du der Schilderung
für wert hältst..., du wirst auf ein Ereignis stoßen, das man umschreiben kann, das man genauer schildern kann, und das wirst du
dann auch tun. Du wirst mir dann sagen, was du siehst und wo du
bist. So lange gehen wir zurück, bis wir auf ein Ereignis in deiner
Umwelt stoßen, das man näher in Worte fassen kann... Wo befindest du dich?

M: Ich weiß noch nicht.

H: Wir gehen noch weiter zurück.

M: (schweres Atmen)...

H: Hast du schon etwas gefunden? Das du beschreiben könn-
test?

M: ...Ja... jaah...

H: Wo bist du?

M: ...auf einem Platz... Marktplatz.

H: Wie heißt der Ort? In dem dieser Marktplatz ist?...

M: ...(keine Antwort).

H: Sag mir den Ort! Die Stadt! ...Wir gehen...

M: (unterbricht, nicht verständlich)...

H: Bitte?

M: Weiß nicht!

H: In welchem Land befinden wir uns?

M: In Frankreich.

H: Welches Jahr schreiben wir?

M: ...1870.

H: Was tust du auf diesem Marktplatz?

M: Isch verkaufe Gemise.

H: Zähl mir mal auf, was du verkaufst.

M: ...(keine Antwort).

H: Zähl auf, was hast du vor dir, was verkaufst du?

M: Weißkraut.

H: Was noch?

M: Rotkraut.

H: Hast du auch Orangen zu verkaufen?

M: Eh, was ist Orangen?

H: Zitronen?

M: Kenn' ich nicht.

H: Du kennst gar keine Zitronen?

M: Nein.

H: Was kostet denn ein Weißkraut?

M: Acht Centime.

H: Wie heißt du?

H: ...sag mir deinen Namen!

M: ...Guy.

H: Wie?

M: Guy.

H: Ist das dein ganzer Name?

M: Ja.

H: Buchstabiere!

M: ... ge ... ou ... ypsilon ...

H: Ist das dein Vor- oder Nachname?

M: Jean... Vorname!

H: Diktiere mir bitte! Buchstabiere!

M: Vorname?

H: Ja.

21

M: ... fö ... v ... o ... r ... n ... a ... m ... e ...

H: Sag mir noch einmal deinen Nachnamen!

M: Weiß ich nicht!

H: ... Kennst du irgend jemand, der Guy Lafarge heißt?

M: 's bin isch.

H: Ist das dein Nachname?

M: Ja.

H: Nun sag mir mal bitte, wie der Ort heißt, in dem du jetzt bist.

M: ... (keine Antwort).

H: Ich zähle bis drei, dann weißt du es ... eins ... zwei ... drei.

M: Wissembourg.

H: Buchstabiere bitte!

M: W ... i ... s ... s ... e ... m ... b ... o ... u ... r ... g ...

H: Hast du Geschwister?

M: Ja.

H: Wie viele?

M: Zwei.

H: Brüder oder Schwestern?

M: Beide.

H: Du hast einen Bruder und eine Schwester?

M: Ja.

H: Wie heißen deine Geschwister? Wie heißt dein Bruder?

M: Jean (französisch ausgesprochen).

H: Wie heißt deine Schwester?

M: ... Anne.

H: Wie alt bist du?

M: Achtzehn.

H: Welches Jahr schreiben wir?

M: 1870.

H: Wann bist du geboren?

M: 1852.

H: Welchen Beruf hast du?

M: Gar keinen.

H: Mit was verdienst du dein Geld?

M: Mit Verkauf von Gemüse und Obst.

H: Ist das ein Laden oder ein Stand?

M: Das ist ein Stand.

H: Gehört dieser Stand dir oder deinen Eltern?

M: Meinem Vater.

H: Wie heißt dein Vater?

M: Jean.

H: Deine Mutter?

M: Marie.

H: Marie?

M: Marie.

H: Diktiere bitte!

M: M ... a ... r ... i ... e.

H: Auf welche Schule bist du gegangen?

M: Gar keine...

H: Du hast gar keine Schule besucht?

M: Nein.

H: Kannst du schreiben?

M: Ja.

H: Wo hast du das gelernt?

M: Von meinem Bruder.

H: Er ist auf eine Schule gegangen?

M: Ja.

H: Wie alt ist dein Bruder?

M: Vierundzwanzig.

H: Er heißt Jean?

M: Ja.

H: Kannst du mir die Adresse und den Namen der Schule geben, auf die dein Bruder gegangen ist?

M: Nein.

H: Weißt du nicht, wie die Schule heißt?

M: Nein.

H: Du bist auf gar keine Schule gegangen?

M: Nein.

H: In welcher Straße wohnst du?

M: ...oh...

H: Ich zähle bis drei, und dann weißt du den Namen! Eins... zwei... drei!

M: Rue du Connétables.

H: Habt ihr eine Hausnummer?

M: Nein.

H: Wo wohnst du, in einem Haus, in einer Wohnung, schildere mir, wo du wohnst!

M: Ein Haus, einstöckig...

H: Ein einstöckiges Haus!

M: Zwei Zimmer.

H: Zwei Zimmer. Wer wohnt außer dir noch in diesem Haus?

M: Die Eltern und meine Geschwister.

H: Sag mir bitte das Geburtsdatum deines Vaters!

M: Weiß ich nicht.

H: Du sagtest mir dein eigenes Geburtsjahr. Kannst du mir auch das genaue Datum sagen?

M: Nein.

H: Wie groß ist etwa euer Ort? Also der Ort, in dem du wohnst?

M: Zweihundertfünfzig Menschen.

H: Welchen Glauben hast du, welcher Religion gehörst du an?

M: Katholisch.

H: Katholisch? Wie heißt euer Pfarrer?

M: Pater Pierre.

H: Pater Pierre?

M: Ja.

H: Wie heißt eure Kirche?

M: ...Eglise de la Sainte Marie.

H: Bist du verheiratet?

M: Nein.

H: Ist eines deiner Geschwister verheiratet?

M: Nein.

H: Hast du irgendeinen Freund?

M: Nein.

H: Du hast doch bestimmt irgend jemand aus der Nachbarschaft, den du kennst?

M: Ja.

H: Zähl mir ein paar auf, die du kennst, und zwar mit Namen!

M: Robert.

H: Robert?

M: Robert.

H: Wen kennst du noch? Kannst du mir den Nachnamen von Robert sagen?

M: Reno.

H: Diktiere bitte!

M: R ... e ... n ... a ... u ... l ... t (Renault).

H: Danke. Wen kennst du noch?

M: Pierre Renault.

H: Pierre, wer ist das?

M: Das ist der Bruder von Robert.

H: Wie alt ist Robert?

M: Achtzehn.

H: Und Pierre?

M: Neunzehn.

H: Wo wohnen diese beiden Freunde?

M: In der Hauptstraße am anderen Ende.

H: In der Hauptstraße am anderen Ende? Welchen Beruf haben deine beiden Freunde?

M: Sie sind Stallburschen.

H: Existiert in eurem Ort irgendein größeres Geschäft, eine größere Firma? Eine Fabrik, ein Geschäft, ein größerer Hof?

M: Ein Gutshof.

H: Kannst du mir bitte den Namen des Besitzers sagen?

M: Nein.

H: Warst du irgendwann einmal krank?

M: Ich weiß nicht.

H: Sprechen die Leute in deinem Ort deutsch oder französisch?

M: Beides.

H: Wieso beides?

M: Weil wir Deutsche und Franzosen sind.

H: Gehört dieser Ort zum Elsaß?

M: Ja.

H: Kannst du mir irgendeinen größeren Ort oder eine größere Stadt in der Nähe eures Ortes sagen?

M: Strasbourg.

H: Sprecht ihr ein reines Französisch oder einen Dialekt?

M: Dialekt.

H: Du kannst diesen Dialekt sprechen?

M: Ja.

H: Du mußt doch bestimmt auf dem Markt deine Waren, die du verkaufst, anpreisen?

M: Ja.

H: Stell dir vor, es gingen jetzt gerade einige Leute vorüber, du mußt anpreisen, bitte sprich mir mal im Dialekt vor, wie du deine Ware anpreist.

M: Mesdames... mesdames, messieurs... prenez ces choux de bruxelles et les pommes, ils sont... pas chers... et ils sont très bien... m'achetez-les!... ils sont plus bien ici... et soixante centimes, s'il vous plaît... merci bien...

H: Danke, das genügt mir, das hast du gut gemacht... kannst du singen?

M: Non.

H: Du kennst doch sicher ein nettes Lied, das man im Dorf singt?

M: Na ja.

H: Kannst du mal versuchen, mir dieses Lied vorzusingen, beziehungsweise, wenn du gar nicht singen kannst – es braucht nicht schön zu sein –, versuche es mal, sonst sag es mir bitte vor!

M: ...

H: Es geht, versuch es mal, ich würde mich sehr freuen, wenn du mir etwas vorsingen würdest.

M: ... (stöhnt).

H: Wie heißt denn dieses Lied?

M: Frère Jacques... Frère Jacques!... Dormez vous?... Sonnez les matines... Ding, ding, dong... c'est un canon.

H: Geht das Lied noch weiter?

M: Nein.

H: Hast du irgendein Buch gelesen?

M: Nein.

H: Kannst du mir bitte schildern, wie deine Kleidung aussieht? Was hast du an?

M: Eine Hose.

H: Eine Hose?

M: Ja, und ein Hemd...

H: Wie ist allgemein die Mode?

M: Gleich... sehr lange Kleider...

H: Gibt es bei euch Tracht?

M: Ja.

H: Hast du mal Tracht gesehen?

M: Ein- oder zweimal.

H: Kannst du dich erinnern, wie diese Tracht aussah? Kannst du es mir ganz grob schildern?

M: Sehr farbenfroh, ein Häubchen mit Spitzen und einen Schal um die Schultern, klobige Schuhe...

H: Habt ihr zu Hause elektrisches Licht?

M: Was ist das?

H: Wie beleuchtet ihr zu Hause eure Räume?

M: Kienspäne.

H: Wie ist euer Haus gedeckt?

M: Mit Lehm und Stroh.

H: Habt ihr irgendwelche Haustiere?

M: Ja.

H: Welche Tiere?

M: Hühner.

H: Wieviel?

M: Drei.

H: Kannst du mir das Haus noch etwas genauer schildern? Wie es gebaut ist? Du sagtest schon, es ist einstöckig, mit Lehm und Stroh gedeckt. Aus welchem Material sind die Mauern?

M: Aus Holz mit Steinen.

H: Farbe?

M: Natur! Rötlich.

H: Habt ihr einen Mixer?

M: Was ist Mixer?

H: Sag mir bitte, was ißt du gerne?

M: Hammelbraten und Kohl.

H: Gibt es bei euch ein besonderes, typisches Gericht? Nationalgericht? Kennst du so was?

M: Schnecken.

H: Und kannst du mir das Rezept des Hammelbratens sagen?

M: Ein Stück Fleisch mit Knochen am Spieß gesteckt gebraten.

27

H: Was eßt ihr dazu?

M: So eine Art Brot.

H: Was?

M: Brot.

H: Wie schaut dieses Brot aus?

M: Es sind so runde Kuchen... mit Mehl... und Eier.

H: Hast du irgendwelche besonderen Fähigkeiten, kannst du ein Instrument spielen, kannst du tanzen?

M: Nein.

H: Zahlst du Steuern?

M: Was ist Steuer?

H: Wieviel Geld verdienst du am Tage?

M: Kommt darauf an, was ich verkaufe.

H: Mit welchen Geldmitteln zahlt man?

M: Mit Münzen.

H: Aber ihr habt auch Papiergeld?

M: Nein, Schuldscheine.

H: Ist deine Familie als arm oder als reich zu bezeichnen?

M: Arm.

H: Sehr arm?

M: Ja.

H: Kannst du mir irgendwelche Verwandte mit Namen aufzählen? Hast du Verwandte, die du kennst?

M: Großeltern.

H: Wie heißen die?

M: Weiß nicht, schon lange tot.

H: Kannst du mir bitte sagen, wieviel die Wurzel aus neun ist?

M: Was ist Wurzel aus neun?

H: Wir gehen in deinem Leben weiter voraus... du wirst zwanzig Jahre alt... fünfundzwanzig Jahre alt... siebenundzwanzig Jahre alt... sag mir bitte, welches Jahr haben wir?

M: 1879.

H: Ist in diesem Jahr etwas Besonderes los?

M: Nein.

H: In welchem Ort befinden wir uns?

M: Wissembourg.

H: Was tust du tagsüber?

28

M: Ich arbeite.

H: Was arbeitest du?

M: Auf dem Feld.

H: Wem gehört dieses Feld?

M: Dem Gutsherrn.

H: Wie heißt dieser Gutsherr?

M: ...(atmet wieder schwer)...

H: Ich zähle bis drei, dann fällt es dir wieder ein... eins... zwei... drei.

M: ...

H: Nun? ...Sag mir den Namen des Gutsherrn!

M: ...

H: Wie heißt dieses Gut?

M: ...

H: Weißt du es nicht?

M: ...(leise)... nein.

H: Wieviel verdienst du hier?

M: Gar nichts.

H: Warum arbeitest du bei diesem Gutsherrn?

M: Ich muß.

H: Warum?

M: Ich habe Schulden.

H: Hast du diese Schulden gemacht oder deine Eltern?

M: Ich.

H: Wie hoch sind diese Schulden?

M: ...

H: Etwa?

M: ...zehn Pferde.

H: Warum hast du Schulden gemacht?

M: ...(atmet schwer, will nichts sagen)...

H: Nun sag es mir, du kannst es mir ruhig sagen!

M: ...

H: Nun, lassen wir das, das ist nicht so wichtig. Wo wohnst du?

M: Gesindehaus.

H: Im Gesindehaus?

M: Ja.

H: Bist du verheiratet?

M: Nein.

H: Kannst du mir das Dorf sagen, beziehungsweise genauer beschreiben, wo dieses Gut steht, in dem du arbeitest?

M: Auf der Anhöhe gegen Westen.

H: Auf der Anhöhe gegen Westen. Wie groß ist dieses Gut ungefähr?

M: ...

H: Ist es ein sehr großes Gut?

M: Sehr groß.

H: Wie heißt der Besitzer?

M: ...

H: Hat das Gut irgendeinen Namen?

M: Nein.

H: Du hast bestimmt unter dem Gesinde gute Bekannte, Freunde, sag mir ein paar Namen!

M: Marie, Jean-Claude, ...Margot (oder so ähnlich)...

H: Was machen deine Geschwister zur Zeit?

M: Gestorben.

H: Sind gestorben! Wann?

M: Vor acht Jahren.

H: An was?

M: ...Krieg (Anmerkung: 1870/71 Deutsch-Französischer Krieg).

H: Was war das für ein Krieg?

M: Gegen die Deutschen.

H: Wo sind sie beerdigt?

M: Weiß ich nicht.

H: Du kennst das Grab nicht?

M: Nein.

H: Leben deine Eltern noch?

M: Nein.

H: An was sind deine Eltern gestorben?

M: Auch am Krieg.

H: Auch im Krieg?

M: Ja.

H: Wie alt bist du?

M: ...siebenundzwanzig.

30

H: Wie heißt der Pfarrer des Ortes?

M: Pater Pierre.

H: ...Wir gehen weiter zurück, weiter vor in deinem Leben, du bist achtundzwanzig Jahre alt... neunundzwanzig Jahre alt... dreißig Jahre alt... wo befindest du dich?

M: ...

H: Du bist dreißig Jahre alt!

M: Ich weiß nicht.

H: Wir gehen zurück... du bist achtundzwanzig Jahre alt... wo befindest du dich?

M: Im Stall.

H: ...und wo ist dieser Stall, wem gehört dieser Stall?

M: Monsieur Pierre.

H: Sag mir den Namen nochmals laut und deutlich!

M: Monsieur Pierre.

H: Wer ist das?

M: Gutsherr.

H: Wie lange bist du bereits auf diesem Gut?

M: Zwei Jahre.

H: Wo ist dieses Gut?

M: In Weißenburg.

H: Was verdienst du?

M: Nichts.

H: Warum?

M: Schulden.

H: Wir gehen weiter im Leben, du bist neunundzwanzig Jahre alt, wo befindest du dich?

M: Ich weiß nicht.

H: Wir gehen zurück, du bist achtundzwanzig Jahre alt, wir haben Januar, wo bist du?

M: Auf dem Gut.

H: Wir haben Februar, wo bist du?

M: Im Stall.

H: Wie geht es dir?

M: Schlecht.

H: Warum?

M: Ich bin getreten.

31

H: Was bist du?

M: Getreten.

H: Von wem, von was?

M: Pferd.

H: Ist es sehr schlimm?

M: Ich weiß nicht.

H: Kannst du noch arbeiten?

M: Nein.

H: Du liegst im Stall?

M: Ja.

H: Wir haben März, wo bist du?

M: Ich weiß nicht.

H: Wir gehen zurück, wir haben Februar, schildere mir bitte, welche besonderen Ereignisse im Februar waren!

M: Ich reinige ein Pferd.

H: Noch mal deutlich!

M: Ich reinige ein Pferd.

H: Ja.

M: Das Pferd tritt mich.

H: Ja.

M: Und ich bin verletzt.

H: Du bist verletzt, wie geht es weiter?

M: Ich werde bewußtlos.

H: Du wirst bewußtlos? Wie geht es weiter?

M: Weiß ich nicht.

H: Kannst du mir die jetzige Situation irgendwie umschreiben? Schildern?

M: Ich habe einen Unfall... ich werde dann sterben.

H: Kannst du mir diesen Vorgang schildern?

M: Nein.

H: Warum nicht?

M: Ich weiß nicht.

H: Wir gehen zurück... du bist sechsundzwanzig Jahre alt... wie heißt du?

M: Guy Lafarge.

H: Du kannst französisch sprechen... ich werde dich jetzt auffordern, einige Sätze in Französisch zu sagen... du darfst dabei ruhig im Dialekt sprechen... Sag mir bitte auf französisch den Satz: Wo ist die nächste Tankstelle?

M: Où est le prochain...

H: Schildere mir bitte, was eine Tankstelle ist.

M: Das weiß ich nicht.

H: Was heißt Tankstelle auf französisch?

M: Kenn' ich nicht.

H: Bist du schon einmal mit einem Auto gefahren?

M: Nein.

H: Nein?

M: Nein!

H: Bist du einmal aus deinem Dorf herausgekommen? Kennst du die Umgebung? Kennst du eine andere Stadt?

M: Nein.

H: In welchem Ort bist du geboren worden?

M: In Weißenburg.

H: Du kennst die Umgebung nicht?

M: Nein.

H: Welche Haarfarbe hast du?

M: Schwarz.

H: Wie groß bist du etwa?

M: Ungefähr einsfünfundsechzig.

H: Du kannst doch deinen Namen schreiben?

M: Ja.

H: Hier bekommst du etwas zum Schreiben. Schreibe bitte hier deinen Namen!

M: (schreibt seinen Namen mit geschlossenen Augen, siehe Beilage).

H: Schreibe mir bitte Gemüse!
M: (schreibt auch Gemüse).

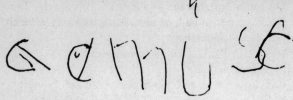

H: Danke! Wieviel ist drei mal drei?
M: Neun.
H: Wie heißt der Bürgermeister in deinem Ort?
M: Weiß ich nicht.
H: Kannst du irgendeinen Volkstanz?
M: ...nein.
H: Nein?
M: ...
H: Kannst du mir irgendeinen bedeutenden Mann in eurer Stadt sagen?
M: ...der Gutsherr.
H: Der Gutsherr! Wie heißt er?
M: Weiß ich nicht.
H: Ich zähle jetzt bis drei, dann wird dir auf einmal der Name des Gutsherrn einfallen! Du wirst ihn auf einmal wissen! Eins... zwei... drei!
M: Pierre.
H: Wie noch?
M: Weiß ich nicht.
H: Von wem wird Frankreich regiert?
M: ...vom König.
H: Von wem?
M: Vom König!
H: Wie heißt dieser König?
M: ...Ludwig.
H: Wir gehen zurück, du bist vierundzwanzig Jahre alt, welches Jahr schreiben wir?
M: 1866.

H: Rechne noch mal nach! Welches Jahr schreiben wir?

M: ...

H: Du bist vierundzwanzig Jahre alt!... Nun, das Jahr spielt keine Rolle, auf jeden Fall, du bist vierundzwanzig Jahre alt... leben deine Geschwister noch?

M: Ja.

H: Ist Krieg?

M: ...

H: Ist Krieg?

M: Ja.

H: Ist jetzt Krieg? Antworte noch mal!

M: Ja.

H: Was machst du?

M: Ich räume auf.

H: Was räumst du auf?

M: Die Wagen.

H: Warum?

M: Sie sind umgestürzt.

H: Diese Wagen sind umgestürzt?

M: Ja.

H: Bist du auf einem Gut?

M: Ja.

H: Von wem wurden diese Wagen umgestürzt?

M: Von Deutschen.

H: Wie schauen diese deutschen Soldaten aus?... Beschreib es mir!

M: Pferd mit Reiter.

H: Pferd mit Reiter?

M: Ja... farbenprächtige Uniformen... Bajonett und Gewehr.

H: Wir gehen weiter vorwärts... Du bist siebenundzwanzig Jahre alt... Wir gehen noch weiter vorwärts... wo befindest du dich?

M: Weiß nicht.

H: Kannst du mir dein Gefühl angeben?

M: So leicht.

H: Hast du irgendwelchen Kontakt mit anderen Personen, anderen Wesen?

M: Nein.

H: Nein? Hast du in diesem Zustand, in dem du dich jetzt befindest, irgendeinen Kontakt gehabt, bist du jemand begegnet?

M: Nein.

H: Kannst du Hell und Dunkel unterscheiden?

M: Nein.

H: Du sagtest, du fühlst dich leicht, hast du irgendeinen Körper?

M: Nein.

H: Sagt dir das Wort »Astralebene« etwas?

M: Was ist das?

H: Hast du einen Begriff von Gut und Böse?

M: ...

H: In deinem jetzigen Zustand... sagt dir der Begriff Gut und Böse etwas?

M: Nein.

H: Wie ist dein Gefühl, würdest du es als angenehm oder unangenehm umschreiben?

M: Angenehm.

H: Kannst du dich irgendwie fortbewegen?

M: Ich weiß nicht.

H: Kannst du die Menschen auf der Erde beobachten?

M: Nein.

H: Weißt du von der Existenz der Menschen etwas?

M: Nein.

H: Nein?

M: Nein.

H: Hast du irgendwelche Zielvorstellungen?

M: Nein.

H: Hast du ein Zeit- und Raumgefühl?

M: Nein.

H: Wir würdest du den Raum, in dem du dich befindest, beschreiben?

M: Ich weiß nicht.

H: Hast du ein Ichgefühl?

M: ...

H: Bist du dir deiner Existenz bewußt?

M: ...

H: Ja oder nein?

M: Nein.

H: Wie heißt du?

M: Hab' keinen Namen.

H: Wann bist du gestorben, das letztemal?

M: Weiß ich nicht.

H: Wir gehen jetzt so weiter, bis sich dein jetziger Zustand ein wenig verändert... wir gehen also immer weiter, immer weiter... bis sich dein Zustand verändert... und diese kleine Veränderung, bei der machen wir halt, und die wirst du mir schildern!

M: ...ich spüre einen Sog.

H: Du spürst einen Sog? Was spürst du noch? Kannst du etwas wahrnehmen?

M: Nein.

H: Spürst du noch mehr?

M: Ja – ein Ziehen.

H: Ein Ziehen. Was empfindest du? Empfindest du dieses Ziehen als angenehm oder in diesem jetzigen Zustand als unangenehm?

M: Als angenehm.

H: Jetzt sag mir Schritt für Schritt, wie es weitergeht. Sag mir bitte jede kleinste Veränderung des jetzigen Gefühls!

M: Der Sog wird stärker und zieht mich... (murmelt)...

H: Der Sog wird stärker, und was ist dann?

M: Zieht mich...

H: Wohin?

M: Ich weiß nicht, nach unten.

H: Nach unten! Schildere mir bitte ganz genau, wie es jetzt weitergeht... Schritt für Schritt! Kannst du etwas fühlen?

M: Ich werde... nein...

H: Was wolltest du eben sagen?

M: Der Sog hört auf.

H: Der Sog hört auf! Wo bist du?

M: Ich weiß nicht.

H: Wie ist deine Umgebung?

M: Warm.

H: Warm! Kannst du noch etwas spüren oder wahrnehmen?

37

M: Nein.

H: Wie fühlst du dich?

M: Wohl.

H: Wenn du den jetzigen Zustand mit dem vorhergehenden vergleichen solltest, welcher ist schöner?

M: Gleich.

H: Sag mir jetzt bitte Schritt für Schritt, wie geht es weiter? Du fühlst dich wohl, es ist warm, der Sog hat aufgehört! Hast du einen Körper?

M: Ich weiß nicht.

H: Hast du irgendeine Gestalt?

M: Ich kann nichts sehen.

H: Bist du dir einer Gestalt oder irgendeines Ausmaßes bewußt?

M: Nein.

H: Bist du dir deiner Existenz bewußt?

M: Ja.

H: Du weißt, daß du existierst?

M: Ja.

H: Was weißt du darüber hinaus noch? Vom jetzigen Zustand?

M: Nichts.

H: Wie geht es weiter? Sag mir bitte jetzt jede Veränderung, die nun folgt, an!

M: Ich kann mich schwer bewegen.

H: Du kannst dich bewegen! Wo befindest du dich?

M: Ich weiß nicht.

H: Wie ist deine Umgebung?

M: Warm und... (murmelt)...

H: Warm und was noch?

M: Warm.

H: Welche Lage nimmst du ein?

M: Ich weiß nicht... sitzend.

H: Was ist aber um dich herum? Luft, Flüssigkeit? Kannst du mir das irgendwie sagen, was um dich herum ist?

M: Nein.

H: Bist du dir deiner Existenz bewußt?

M: Ja.

H: Hast du einen Körper?

M: Ja.

H: Wie groß würdest du deinen Körper bezeichnen?

M: Sehr klein.

H: Wir gehen jetzt noch weiter, bis wieder eine kleine Veränderung eintritt, die wirst du mir wieder schildern! Was ist die nächste Veränderung?

M: Ich werde eingeengt.

H: Du wirst eingeengt! Und sag mir bitte ganz genau, was jetzt geschieht! Was empfindest du, was spürst du?

M: Ich werde bedrängt von jemand... versucht...

H: Was versucht!

M: ...mir den Platz wegzunehmen.

H: Wer ist das?

M: Ich weiß nicht.

H: Was geschieht weiter?

M: Ich werde gedrückt.

H: Wohin?

M: ...in eine... eine neue... neue Welt.

H: Siehst du etwas?

M: Nein.

H: Erinnerst du dich an dein Gefühl, dein Wohlbefinden?

M: Hm... es wird eng.

H: Es wird eng! Wie geht es weiter?

M: Plötzlich wird es wieder weiter.

H: Es wird wieder weiter... wo bist du?

M: Ich weiß nicht.

H: Verändert sich sonst noch etwas?

M: Ja.

H: Was?

M: Es wird kälter.

H: Es wird kälter! Verändert sich irgendwie dein Bewußtseinsinhalt?

M: Es wird irgendwie hell.

H: Es wird hell! Fühlst du dich wohler, fühlst du dich nicht wohl? Vergleiche diesen jetzigen Zustand mit dem vorhergehenden!

M: Ich weiß nicht.

H: Kannst du etwas sehen?

M: Nein.

H: Kannst du deinen Körper deutlich fühlen?«

Tonband zu Ende...

Alle Anwesenden waren durch dieses Erlebnis ähnlich betroffen wie ich. Betroffen ist möglicherweise nicht der richtige Ausdruck. Was mich betrifft, so muß ich sagen: Ich war erschüttert.

Dennoch zwang ich mich, mich in die Rolle des Skeptikers zu versetzen: Welche Zweifel waren möglich?

Nun gut, ein Skeptiker könnte sagen, die Versuchsperson habe »mitgespielt«. Das war dann auch der Verdacht, den ich am häufigsten zu hören bekam. Dagegen ist zu sagen: Das Medium wußte vor dem Experiment überhaupt nicht, was ich mit ihm vorhatte. Daß ich eine »age regression« versuchen wollte, hatte ich ihm vor der Sitzung verschwiegen. Im Falle T. waren die Zeugen der ersten Sitzung so fair, ihm gegenüber absolutes Stillschweigen zu wahren, so daß er ahnungslos in die zweite ging.

Als ich ihn weckte, besaß er nicht die geringste Erinnerung an das Experiment...

Zweitens könnte behauptet werden, das Medium gebe nur das wieder, was ihm der Hypnotiseur auf telepathischem Wege suggeriert. Dagegen spricht, daß ich selbst außerordentlich schockiert war. Außerdem: Hätte die Versuchsperson meine Gedanken von sich gegeben, wären ihr auch die modernen Begriffe »Auto«, »Tankstelle« oder die »modernen Obstsorten« Orangen und Zitronen vertraut gewesen.

Dritter Verdacht: Das Medium hat diese Geschichte aus der Zeit Napoleons III. irgendwo gelesen. Meine Antwort: Das unbedeutende Leben des Guy Lafarge kann nicht aus einem Buch stammen – dazu ist das Ganze zu unliterarisch, zu banal. Daß es sich aber um Erlebtes, nicht um Gelesenes handelte, merkten alle Anwesenden an den starken emotionalen Schwankungen, denen die Versuchsperson unterworfen war. Jemand, der mit einer angelesenen Geschichte »vorbereitet« in eine derartige Sitzung gekommen wäre, hätte auf die Frage »Wie heißt der Gutsherr?« ganz sicher eine Antwort parat gehabt...

Nach all diesen Überlegungen gab es für mich keine Zweifel mehr, doch sprach ich zunächst nur mit sehr wenigen Menschen, deren Einstellung mir bekannt war, über meine Entdeckung. Daß neunundneunzig Prozent derer, die mir tagtäglich begegnen, damit nicht das geringste anfangen könnten, war mir nicht weiter verwunderlich – in einer Welt, in der selbst so etwas Natürliches wie die Hypnose noch als Hokuspokus verschrien ist.

Hypnose

»...alles Instinktive gründet sich auf das eigentliche Wesen der Dinge. Aber die Skeptiker aller Zeiten haben dieser Tatsache nicht genügend Beachtung geschenkt.«

Eliphas Lewi

»Hypnose« – ist ein Wort, das auf fast alle Menschen eine enorme Faszination ausübt, obwohl die wenigsten von ihnen je der Hypnose begegnet sind. Und so phantasieren nun die meisten, mangels eigener Erfahrungen, alles mögliche in diesen Begriff »Hypnose« hinein. Sie sprechen von der unwiderstehlichen Kraft besonders willensstarker Persönlichkeiten, die ihr Opfer durch einen kurzen hypnotischen Blick in ihren Bann ziehen und zu willenlosen Marionetten werden lassen – zu allem bereit, von erzwungener Liebe bis zum »Mord auf Befehl«...

Diese Verbindung zu okkult-magischen Mysterien hat die Hypnose, von ihrer Entdeckung bis heute, auf einen Platz im Zwielicht verbannt und verhindert, daß die Hypnose in allen ihren Möglichkeiten – vor allem auf therapeutischem Sektor – voll erschlossen und angewendet wurde. Für die Psychotherapie könnte sie Großes bewirken – so ungern es manche Psychotherapeuten immer noch zugeben mögen.

Um diese Abneigung zu erklären, müssen wir einen kurzen Blick auf die Geschichte der Hypnose werfen. Bereits im sechsten Jahrtausend vor Christus können wir das Auftreten der Hypnose verfolgen. In der ägyptischen Hochkultur (3000 v. Chr.) nannte man diesen Zustand Teufelsaustreibung. 150 vor Christus taucht die Hypnose in Epidaurus und anderen Kulturstätten als Tempelschlaf der Asklepiaden auf, im Mittelalter als Tanzepidemien in Europa und im 16. Jahrhundert als »Imaginatio«.

Gegen Ende des 18. Jahrhunderts beginnt die konkrete Entwicklung dessen, was wir wissenschaftlich »Hypnotismus« nennen. 1775 entdeckte der Wiener Arzt Friedrich Anton Mesmer eine neue Heilmethode, die darin bestand, daß er Magneten über erkrankte Körperteile streichelnd hin und her bewegte. Bald stellte er jedoch fest, daß derselbe Heilerfolg auch dann eintrat, wenn er auf den Magneten verzichtete und mit bloßen Händen über die kranken Körperteile strich. Aus dieser Erscheinung folgerte er, daß er Kräfte in sich trage, die den magnetischen Kräften von Metallen ähnelten. Er nannte diese Erscheinung »Magnetismus animalis«.

Dieser Begriff wurde in der folgenden Zeit sehr verschieden übersetzt: als »animalischer Magnetismus«, »tierischer Magnetismus«, »Mesmerismus« und »Lebensmagnetismus«.

Durch seine sensationellen Heilerfolge wurde Mesmer schnell berühmt und hatte einen gewaltigen Patientenzustrom. Er übersiedelte nach Paris, wo die dortige Akademie seine Theorie 1784 einer Prüfung unterzog und ablehnte, da sich das »Fluidum« des Magnetismus nicht nachweisen ließ. Mesmer wurde als Schwindler und Scharlatan angeprangert. Die Tragik dieses Mannes, der bis zu seinem Tode an seiner Theorie festhielt, liegt darin, daß er auf der Suche nach der »Heilwirkung der Magneten« den therapeutischen Hypnotismus entdeckte, ohne zu ahnen, was er gefunden hatte.

Von der Wissenschaft abgelehnt, wurden seine Theorien in der nächsten Zeit fast nur von okkulten Zirkeln beachtet.

Der nächste einschneidende Wendepunkt in der Entwicklung der Hypnose kam 1843 durch den englischen Augenarzt Braid. Er stellte in Experimenten fest, daß Personen, die längere Zeit einen glänzenden Gegenstand fixierten, in einen Schlafzustand verfielen. Dieser Zustand glich dem Zustand, in den Mesmer seine Patienten versetzte. Braid nannte ihn erstmals »Hypnose«, nach dem griechischen Wort »hypnos« – Schlaf.

Nach einiger Zeit wurde die Hypnoseforschung von dem französischen Mediziner Charcot wiederaufgenommen. Seine Hypnose-Experimente mit Hysterischen in der Pariser »Salpêtrière« (seit 1878) erregten weltweites Aufsehen. Es war eine Sensation, daß sich eine wissenschaftliche Kapazität wie Charcot mit diesem Wissenszweig beschäftigte.

Die nächsten wissenschaftlich bedeutsamen Impulse kamen dann von Liébault (1866) und Bernheim (1884), die erstmals die Fluidum-Theorie zurückwiesen und durch die Suggestions-Theorie ersetzten. Nach Bernheim erklärt sich die Wirkung der Hypnose aus der Einbildungskraft (Imagination), die durch verbale Suggestion stimuliert wird. Dadurch wird die Auslösung der Hypnose in das Medium gelegt; alle Phänomene werden auf Autosuggestion zurückgeführt.

Diese Autosuggestionstheorie baute Coué, ein Schüler Bernheims, zu seiner weltweit berühmt gewordenen Autosuggestionsformel aus. (»Es geht mir von Tag zu Tag besser und immer besser...«)

Im Gegensatz zu dieser rein psychologischen Auffassung der Hypnose entwickelte sich in den ersten Jahrzehnten des 20. Jahrhunderts die physiologische Hypnotherapie durch den russischen Physiologen Pawlow. Er erklärte die Hypnose als einen psychisch bedingten Reflex (psychischer Hemmungsmechanismus).

Die Kontroversen um die Hypnotherapie sind noch nicht zu Ende. In jüngster Zeit stehen sich zwei große theoretische Ansätze gegenüber: einmal die »hypnotic state theory« (Theorie vom hypnotischen Zustand), 1968 von J. F. Chaves (USA) formuliert. Diese Theorie betrachtet den Hypnosezustand und hypnotisches Verhalten als vom Wachzustand grundsätzlich verschieden, legt also einen veränderten Bewußtseinszustand zugrunde. Der schärfste Gegner dieser Ansicht, der Amerikaner T. X. Barber, weist die Theorie vom »hypnotischen Zustand« zurück und versucht, durch empirische Forschung neue Erklärungen zu finden.

Was ist Hypnose wirklich?

Wir haben bei der Hypnose das seltene und paradox anmutende Phänomen, daß man sie erzeugen und anwenden kann, ohne zu wissen, was sie eigentlich ist. Anders ausgedrückt: Um erfolgreich hypnotisieren zu können, ist es gleichgültig, welche theoretischen Kenntnisse und Auffassungen der Hypnotiseur von Hypnose hat. Hypnose verhält sich also wie ein Radioapparat, den man bedienen kann – gleichgültig, ob man Elektroniker ist oder an einen »kleinen Mann im Kasten« glaubt.

Da also die wissenschaftliche Diskussion um die Hypnose längst nicht abgeschlossen ist, möchte ich für denjenigen Leser, der zu diesem Phänomen bisher wenig Kontakt hatte, eine kurze, schematisch vereinfachte Darstellung der hypnotischen Funktionsweise geben, die sich aus meiner praktischen Arbeit herauskristallisiert hat. Seit den Arbeiten Freuds ist es üblich, dem Bewußtsein des Menschen ein Unbewußtes gegenüberzustellen. Sowohl das Wachbewußtsein wie auch das Unbewußte sind nochmals geschichtet, beziehungsweise strukturiert, jedoch soll uns vorläufig die große Trennung zwischen Wachbewußtsein und Unbewußtem hier genügen.

Während des Vorgangs der Hypnose schläfert nun der Hypnotiseur das Wachbewußtsein ein. Dies geschieht durch verschiedene Techniken wie: Konzentration auf einen Punkt, Monotonie der Worte, Außenreizverarmung und Entspannung des Mediums und ähnliches. Gleichzeitig stellt der Hypnotiseur einen Kontakt zu den unbewußten Schichten des Mediums her, den man allgemein Rapport nennt. Dieser Kontakt geschieht durch Worte, wobei aber auch noch die übersteigerte Aufmerksamkeit und Konzentration des Hypnotiseurs eine Rolle spielen mögen. Der hypnotische Schlaf entspräche also durchaus dem nächtlichen Schlaf, bestünde nicht dieser Kontakt zwischen dem Unbewußten des Mediums und dem Hypnotiseur.

Nun sind die Kategorien Logik, Vernunft, Kausalität und Rationalität ausschließlich im Wachbewußtsein eines Menschen beheimatet, während die Sprache des Unbewußten das Bild und das Symbol sind. Andererseits ist aber das Unbewußte gleichzeitig Schaltzentrale und Informationsträger aller organischen Abläufe des Körpers, soweit sie »unbewußt« funktionieren. Ist es also gelungen, das Wachbewußtsein eines Menschen durch Hypnose auszuschalten, so wenden sich die Worte bzw. die Suggestionen direkt an das Unbewußte, ohne den Filter des Verstandes und der Kritik passieren zu müssen. Für das Unbewußte ist deshalb jede Suggestion, besonders wenn sie bildhaft formuliert wird, absolute Realität, ähnlich wie ein Traum für den Träumer absolute Realität darstellt. Hypnotische Suggestionen sind künstlich hervorgerufene Träume, deren Realitätswert vom Medium nicht geprüft werden kann, da die rationalen Funktionen schlafen.

Das Informationsmuster der physiologischen Abläufe ist im Unbewußten ebenfalls in Bildform gespeichert. Dies eröffnet die Möglichkeit, in Hypnose ein bestimmtes »Informationsbild« gegen ein anderes auszutauschen. Dieser Vorgang ist die Grundlage der Hypnotherapie. Konkret heißt dies, daß man zum Beispiel bei zu niedrigem Blutdruck die dafür verantwortliche Informationseinheit im Unbewußten lediglich durch eine andere Information, die einen höheren Blutdruck bewirkt, auf dem Wege der Suggestion austauschen kann.

Wir wissen aus der Tiefenpsychologie, daß alle Erlebnisse im Unbewußten gespeichert sind, jedoch nicht alle dieser Erlebnisse jederzeit willentlich unserem Bewußtsein zugänglich gemacht werden können; wir sprechen dann von Vergessen. Das Vergessen ist offensichtlich eine Schutzfunktion des Bewußtseins, die es vor Überlastung bewahrt und so die Möglichkeit für neue Speicherung von Informationen sichert. Nun ist Vergessen nicht etwas Absolutes, sondern eine beeinflußbare Funktion. Wir wissen alle aus dem Alltag, daß uns etwas Vergessenes durchaus wieder einfallen kann. Ausgangspunkt der Psychoanalyse war die Entdeckung Freuds, daß etwas Vergessenes beziehungsweise etwas Verdrängtes, wie er es später nannte, durch bestimmte Methoden wieder ins Bewußtsein zurückgeholt werden kann.

In der Hypnose hat der Hypnotiseur durch seinen direkten Kontakt zum Unbewußten des Mediums einen recht guten Zugang zum Speicher aller bisher erlebten Ereignisse. Wenn man auch innerhalb der Hypnose immer wieder auf Sperren stößt, die ganz bestimmte Erlebnisse daran hindern aufzutauchen, so ist dennoch der Zugang durch den Wegfall der bewußten Kontrolle wesentlich vereinfacht. Man nennt diese gesteigerte Erinnerungsfähigkeit auch Hypermnesie.

Doch neben der gesteigerten Erinnerungsfähigkeit zeigt sich in der Hypnose auch noch sehr häufig ein Wiedererleben früherer Ereignisse. Dieses Phänomen ist, obwohl auch in der Psychoanalyse als Regression recht gut bekannt, theoretisch noch nicht ganz geklärt. Vielleicht gibt es im psychischen Bereich eine von der Zeit abhängige Schichtung des unbewußten Materials, die es erlaubt, die Zeit auch rückwärts zu erleben. Wahrscheinlich ist unser Zeitbegriff für die Erklärung psychischer Vorgänge nicht ganz geeignet.

Unabhängig von einer befriedigenden theoretischen Erklärung bildeten nun diese beiden Phänomene der Hypermnesie und des Wiedererlebens die Grundlage meiner Experimente.

Ich bedauere außerordentlich, daß ich die Verbindung zu den Personen, mit denen ich meine Experimente machte, immer wieder – gewollt oder ungewollt – rasch lösen mußte. Ich besaß noch keine Praxis. Alle Experimente fanden auf Gesellschaften statt, und die Medien verschwanden aus meinem Blickfeld. Da die meisten nicht als *Patienten* zu mir gekommen waren, sondern als Leute, die spaßeshalber an psychologischen Experimenten teilnehmen wollten, sahen sie auch gar keine Notwendigkeit, mit mir Verbindung zu halten. Vielen war es sogar unangenehm. Sie wollten von den Dingen nichts mehr wissen, weil sie ihre Ansichten oder ihre Bekannten gewechselt hatten. Ich habe dieses Verhalten in allen Fällen respektiert und meinerseits nicht den geringsten Versuch unternommen, diese Leute an mich zu binden.

So erging es mir auch mit dem Medium, das mir am 13. Januar 1969 und eine Woche darauf, am 20. Januar 1969, weitere Reinkarnationsbeweise lieferte. Hier die beiden Protokolle:

»Wir haben heute Montag, den 13. Januar 1969. Wir bereiten ein Hypnose-Experiment vor. Zur Kontrolle sind anwesend:

François-Gilbert K., Rudolf S., Klaus M., Michael R., Ingrid R., Hans F., Alice H., Franz A., Franz-Josef S., Rolf K., Frank Sch. Versuchsperson ist Klaus-Peter S., geboren 28. 2. 1954 in Kulmbach. Hypnotiseur ist Thorwald Dethlefsen.

H:... Ich zähle jetzt bis drei. Wenn ich bis drei gezählt habe, kannst du alles ganz genau verstehen, was ich dir sage, du kannst mir auch jede Frage beantworten, weil dir auf einmal ein riesengroßer Wortschatz zur Verfügung steht. Du kannst mir die schwierigsten Fragen beantworten. Trotzdem wirst du jede Situation genauso sehen, wie sie dem von mir genannten Alter entspricht. Sag mir, wie alt bist du! Eins... zwei... drei...

M: Ein Jahr.

H: Wie heißt du?

M: Klaus-Peter S.

H: Welches Datum haben wir?

M: 28. 2. 1955.

H: Wie fühlst du dich?

M: Schön.

H: Wie groß bist du ungefähr?

M: Fünfzig Zentimeter.

H: Weißt du ungefähr, wie du aussiehst?

M: Hm... ich habe blonde Haare... 'ne Stupsnase...

H: Wo befindest du dich?

M: ...

H: An welchem Ort?

M: Kulmbach.

H: Aha, du bist in Kulmbach und... eh... sag mir, wo du dich jetzt aufhältst? Sag es mir ganz genau, sitzt du auf dem Boden, auf einem Sessel, oder hängst du in einer Hängematte? Wo befindest du dich?

M: Auf dem Boden.

(Es folgt eine Befragung und Schilderung des Kinderzimmers)

H: Wir gehen jetzt noch weiter zurück, bis zu deiner Geburt! Du atmest ganz ruhig und ganz tief. Dein ganzer Körper ist entspannt und ruhig. Du wirst jetzt in der nächsten Zeit keinerlei Beschwerden haben, aber alles, was ich dir sage, wirst du auf einmal wieder erleben; und zwar mit einer gewissen Distanz, so daß du es mir genau schildern kannst. Du wirst mir alles ganz genau schildern können, was geschieht und was du erlebst, weil du es ganz exakt vor dir siehst! Aber irgendwie bist du ein wenig unbeteiligt an der ganzen Sache. Es wird so sein, als schautest du einem Fremden zu, in Wirklichkeit bist du es selbst. Du wirst also zur Zeit gerade geboren, wie fühlst du dich?

M: Nicht schön.

H: Was siehst du?

M: Dunkel.

H: Was spürst du?

M: Schmerzen.

H: Wie groß bist du etwa?

M: Hm... zwanzig Zentimeter.

H: Du bist etwa zwanzig Zentimeter groß?

M: Ja.

H: Was hast du denn an?

M: Gar nichts.

H: Sag mir mal ganz genau, wo du dich befindest!

M: Das weiß ich nicht... Höhle?

H: Gut, wir gehen noch ein bißchen weiter zurück, so ungefähr drei Monate, sag mir bitte, wo befindest du dich?

M: Höhle.

H: Was siehst du?

M: Nichts.

H: Wie fühlst du dich?

M: Warm.

H: Wie ist deine Umgebung?

M: Dunkel.

H: Fühlst du dich wohl?

M: Ja.

H: Hast du irgendwelche unangenehme Gefühle?

M: Es ist naß.

H: Kannst du irgend etwas hören?

M: Nein.

H: Wie groß bist du etwa?

M: Hm... Zehn Zentimeter.

H: Gut. Wir gehen noch weiter zurück. Um knappe sechs Monate. Wo befindest du dich?

M: Höhle.

H: Wie groß bist du etwa?

M: Hm... Sieben Zentimeter... sechs... sieben Zentimeter.

H: Wir gehen noch weiter zurück. Um etwa sechs Monate. Wo befindest du dich?

M: Höhle.

H: Wie groß bist du etwa?

M: Hm... ganz klein.

H: Wie groß, kannst du es etwa schätzen? Du kannst ruhig einen Vergleich nehmen!

M: So groß wie ein kurzes Lineal.

H: Und wie fühlst du dich?

M: Hm... warm.

H: Kannst du was sehen?

M: Nein.

H: Jetzt paß genau auf, wir gehen jetzt noch mal um ein halbes Jahr zurück. Du wirst mir alles genau schildern, was du erlebst! Wir gehen um ein halbes Jahr zurück, wo bist du?

M: Ich weiß nicht.

H: Wie groß bist du etwa?

M: Hm... ich bin überhaupt nicht groß.

H: Hast du einen Körper?

M: Nein.

H: Siehst du etwas?

M: Nein.

H: Kannst du Hell oder Dunkel unterscheiden?

M: Nein.

H: Kannst du irgendeinen Raum um dich spüren oder wahrnehmen?

M: Nein.

H: Weißt du, daß du existierst?

M: Nein.

H: Wie heißt du?

M: ...Hm. Ich hab' keinen Namen.

H: Wie würdest du das Gefühl beschreiben, das du momentan hast?

M: Leer.

H: Hast du sonst noch ein Gefühl? Hast du vielleicht ein Gefühl der Schwere oder der Leichtigkeit?

M: Nein.

H: Gar nichts?

M: Nichts.

H: Kannst du dich irgendwie, vielleicht auch nur gedanklich fortbewegen?

M: ...Hm... ich weiß nicht.

H: Kannst du irgendeinen Gedanken denken?

M: Nein.

H: Hast du ein Existenzbewußtsein?

M: Nein.

H: Nun paß genau auf, du sollst nun immer weiter zurückgehen, und zwar so lange, bis sich an deinem jetzigen Zustand irgend etwas ändert... bis du dich auf einmal irgendeiner Situation gegenüber findest, die anders ist als die, die du eben geschildert hast, und die du beschreiben kannst! Bis zu diesem Punkt gehst du nun langsam zurück, dabei atmest du ganz ruhig und tief und gleichmäßig. Es macht dir auch keine Schwierigkeiten, hier in der Zeit zurückzugehen, bis du auf einen Punkt stößt, den du beschreiben kannst!

M: Es ist herrlich... Licht...

H: Wo bist du?

M: In einem Schloß oder Palast.

H: In welchem Land bist du?

M: In Frankreich.

H: Wie heißt du?

M: ...

H: Nun sag mir deinen Namen!

M: ...

H: Er fällt dir gleich ein, wenn ich bis drei zähle... auf einmal fällt er dir bei drei ein... eins... zwei... drei!

M: ...ich weiß meinen Namen nicht.

H: Nun, dann lassen wir das, das ist nicht so wichtig, weißt du zufällig, welches Jahr wir zur Zeit schreiben?

M: 1883.

H: Wie alt bist du?

M: Oh... ich bin ganz jung... noch ein Baby.

H: Und du sagst, du bist in einem Schloß oder in einem Palast?

M: Ja.

H: In welchem Ort ist dieses Gebäude?

M: In einer ganz großen Stadt.

H: Wie heißt diese Stadt?

M: ...

H: Nun, das macht nichts, lassen w... bitte?

M: (unterbricht) Paris.

H: Paris! Wir gehen jetzt in deinem jetzigen Leben etwas weiter, nach vorne, du wirst also älter, du bist kein Baby mehr, sondern du wirst ein Kind ... und dann kommt deine Jugend ... du bist gerade vierzehn Jahre alt ... du bist vierzehn Jahre alt, sag mir mal, welches Jahr schreiben wir?

M: 1897.

H: Wie heißt du?

M: Jean.

H: Wie noch?

M: Duprée.

H: Du bist also ein Bub?

M: Ja.

H: Wie schaust du denn ungefähr aus? Schildere mir mal, wie du aussiehst?

M: Ich habe lange Haare!

H: Lange Haare! Welche Farbe?

M: Blond – wie ein Mädchen.

H: Schildere mir mal deine Kleidung!

M: Seide ... und Samt ... prächtige Stoffe, warm ...

H: In welcher Stadt lebst du?

M: Paris.

H: In welchem Land ist diese Stadt?

M: Frankreich.

H: Wieviel Zimmer hat euer Schloß? Ist es ein Schloß?

M: Ja, es ist ein Schloß.

H: Wieso wohnst du in diesem Schloß? Hast du irgendeinen Titel, wie heißen deine Eltern?

M: Meine Eltern sind Barone.

H: Sag mir mal den genauen Namen deiner Eltern!

M: ...kann ihn nicht aussprechen ... kompli ... komplizierter Name.

H: Stell dir mal vor, er ist vor dir irgendwo geschrieben, sagen wir mal, auf einem Schild, auf einer Karte, kannst du dir das vorstellen?

M: Hmhm.

H: Siehst du das?

M: Ja.

H: Dann kannst du mir doch mal ganz langsam und deutlich buchstabieren!

M: D ... u ... p ... r ... e ... e ... und darunter ist eine Krone.

H: Deine Eltern sind Barone?

M: Ja.

H: Hast du Geschwister?

M: Nein.

H: Du bist der einzige Sohn?

M: Ja.

H: Wie alt bist du?

M: Vierzehn Jahre.

H: Gehst du in eine Schule?

M: Nein ... zu uns kommen Leute ... die sagen ... die geben mir Unterricht.

H: In welchen Fächern?

M: Französisch.

H: Wieso kannst du ... das ist doch deine Muttersprache?

M: Ja.

H: Warum geben sie dir dann darin Unterricht?

M: Ich weiß nicht ... ich kann's eigentlich ... ich weiß nicht.

H: Lernst du irgendeine Fremdsprache?

M: Nein.

H: Würdest du bitte mal eine Sehenswürdigkeit der Stadt nennen!

M: Hm ... der große Fluß!

H: Würdest du mir bitte mal den Fluß und was so drum herum ist etwas näher schildern, aber bitte auf französisch!

M: Hm ...

H: Beschreib mir so ungefähr, wie du es vielleicht jemandem schreiben würdest, der im Ausland wohnt!

M: ...

H: Wie lang ist dieser Fluß?

M: ...

H: Ist er breit?

M: ...

H: Antworte mir doch!

M: Oui.

H: Wie heißt dieser Fluß?

53

M: Seine.

H: Weißt du irgendeine berühmte Kirche in der Stadt?

M: Non... Notre-Dame?

H: Wie heißt die Straße, in der du wohnst?

M: ...

H: Oder ist es an einem Platz, oder wie heißt, sagen wir mal, der Stadtteil, das Viertel?

M: ...

H: Was kostet denn eine Fahrt mit der Straßenbahn?

M: ...

H: Hm?

M: Pff...

H: Was ist?

M: Es gibt keine Straßenbahn... was ist das? Hm. H... ha (lacht leise).

H: Von wem wird denn euer Land regiert?

M: König.

H: Wie heißt der?

M: Ah... Sonnenkönig.

H: Hast du ihn schon einmal gesehen?

M: Nein.

H: Wir gehen weiter in deinem Leben, du wirst älter, du wirst zwanzig Jahre alt, wie heißt denn du?

M: Jean Duprée.

H: Wie heißen deine Eltern? Wie heißt deine Mutter?

M: Charlotte Duprée.

H: Wie heißt dein Vater?

M: Jean Duprée.

H: Du heißt also wie dein Vater?

M: ...

H: Wo wohnt ihr?

M: Wir sind neu eingezogen, ich weiß nicht.

H: In welcher Stadt wohnt ihr?

M: Paris.

H: Wo wohntet ihr denn früher?

M: Wir sind schon weg.

H: Ja, wo wohntet ihr vorher?

M: Ich weiß nicht, da war ich noch klein, wir sind oft umgezogen, immer neue Stadtteile.

H: Welchen Beruf haben deine Eltern oder dein Vater?

M: Haben keinen Beruf.

H: Warum nicht?

M: Sie sind Adelige.

H: Seid ihr reich?

M: Ja.

H: Ganz bestimmt?

M: Ja.

H: Was machst denn du?

M: Nichts!

H: Hast du eine Freundin?

M: Nein.

H: Hast du Geschwister?

M: Nein.

H: Hast du irgendeinen Lehrer?

M: Ja, viele Lehrer.

H: Sag mir mal die Namen deiner Lehrer, ganz deutlich!

M: Ja, einer, der heißt... hm...hm...

H: Es braucht nicht der eine sein, sag mir irgendwelche Namen von deinen Lehrern! Welcher dir gerade einfällt, wenn du mehrere hast, ist es ja nicht schwer!

M: Mir fällt keiner ein... haha... ich weiß nicht.

H: Vor dir liegt eine kleine Karte, wenn du die jetzt umdrehst, dann stehen Namen drauf, du brauchst sie nur abzulesen, lies mir mal vor!

M: Hm... der eine heißt so wie wir... aber der ist bestimmt nicht von unserer Familie...

H: Ist es kein Baron?

M: Nein... aber er heißt genauso wie wir.

H: Was meinst du mit genauso?

M: Er schreibt sich so.

H: Wie sieht er aus?

M: Er ist blond... Frechheit.

H: Wie heißt... wie ist denn sein Vorname?

M: ...José.

H: Wo wohnt er?

M: In der Nachbarschaft.

H: Sag mir doch bitte mal den Stadtteil, wo ihr wohnt.

M: Ich weiß nicht (mit ärgerlichem Unterton).

H: Wann bist du geboren?

M: Eh... 1883 oder so... 1880 oder so.

H: An welchem Tag feiert ihr euern Geburtstag?

M: Ich? An einem Sonntag, ich bin ein Sonntagskind!

H: Du weißt doch sicher das genaue Datum deines Geburtstages?

M: Das war... ah ja... das war der 18. 5., eh... 1882.

H: Du bist zwar nie auf eine Schule gegangen, aber du kennst sicher den Namen einer Schule in eurer Stadt?

M: Ne, interessiert mich nicht.

H: Weißt du dein Geburtsdatum – das weißt du sicher – den Geburtstag deiner Mutter?

M: Eh... sie hat gleich nach mir Geburtstag... sie hat am 20. 5. neunzehnhundert... eh... ah... wie komm' ich auf neunzehnhundert... ha... achtzehnhundert... ah...

H: Wie alt ist denn ungefähr deine Mutter, das genügt mir auch.

M: Sechsunddreißig.

H: Und welches Jahr schreiben wir jetzt?

M: Achtzehnhundert... eh... nein... achtzehnhundertsieb... eh...

H: Du bist zwanzig Jahre alt?

M: Ja.

H: Und du bist geboren, hast du mir gesagt?

M: 1882.

H: Gut. Welches Jahr schreiben wir dann jetzt?

M: 1902.

H: Nun gut, und eh... du sagst deine Mutter ist sechsunddreißig Jahre alt?

M: Ja.

H: Kannst du dann ausrechnen, wann deine Mutter geboren ist?

M: Eh, sie ist geboren... eh... 1866... so, eh... 1866.

H: Gut, und kannst du mir auch das Geburtsdatum deines Vaters sagen?

M: Ah, er ist älter als meine Mutter... er ist siebenunddreißig Jahre alt.

H: Und was für einen Beruf hat dein Vater?

M: Hat doch keinen Beruf!

H: Woher habt ihr euer Geld, euer Vermögen?

M: Immer wieder geerbt.

H: Kannst du mir irgendwelche Straßennamen sagen, die du kennst von Paris? Wo ihr mal wohntet... oder wohnt?

M: Rue de...

H: Nun, lassen wir das, das ist nicht so wichtig. Kannst du mir große Geschäfte sagen in der Stadt? Namen von Geschäften, die du kennst.

M: Ich bin fast immer zu Hause, ich weiß das nicht.

H: Habt ihr ein schönes Auto?

H: Hahhhhhh... was ist das?

H: Ihr habt kein Auto?

M: (Ärgerlich) Was *ist* das?

H: Einen Mercedes 600?

M: Hahaha... was ist das!?

H: Du hast doch sicher Freunde?

M: Och...

H: Sag einmal die Namen.

M: Jean, wie ich.

H: Nachnamen?

M: Ich red' ihn... ich red' ihn nur mit Jean an, ich weiß den Nachnamen nicht.

H: Ist es auch ein Adeliger?

M: Ja.

H: Du kommst nur mit Adeligen zusammen?

M: Natürlich (der Unterton dabei: »Dumme Frage!«).

H: Was hast'n du für einen religiösen Glauben?

M: Bin Christ.

H: Bist du katholisch oder evangelisch?

M: Katholisch.

H: Wie heißt denn euer Pfarrer?

M: ...

H: Na, das brauchst du mir nicht unbedingt zu sagen. Hast du gerade in letzter Zeit in einem Buch gelesen?

M: Nein.

H: Kannst du mir irgendein Buch sagen, das zur Zeit sehr populär ist, das du gelesen hast, oder was du zu Hause im Bücherschrank stehen hast? Nur den Titel.

M: Ha... mir ist so schnuppe, was mein Vater macht.

H: Ihr habt doch sicher in der Küche einen Mixer stehen?

M: Hahah... was *is'n* das?

H: Weil wir grad bei Küche sind. Was sind deine Leibspeisen?

M: ...

H: Nun, was ißt du gerne?

M: Muscheln.

H: Was noch?

M: Hm, das ist eigentlich alles, außer Mehlspeisen.

H: Liest du Zeitung?

M: Ha, nee, was ist das?

H: Ich werd' dir jetzt noch einige Fragen stellen, und ich bitte dich, sie mir zu beantworten, aber ich bitte, auf französisch. Ich werd' dir zwar die Fragen auf deutsch stellen, aber beantworte sie mir bitte auf französisch. Wir werden zuerst noch mal etwas weitergehen. Weiter voran in das Älterwerden. Fünf Jahre älter, du bist fünfundzwanzig Jahre alt. Welches Jahr schreiben wir? Du bist fünfundzwanzig Jahre alt.

M: Nein... nein!

H: Warum nicht?

M: Ich bin tot!

H: Du bist ganz ruhig und atmest ruhig und tief. Das erschüttert dich gar nicht. Du sagst mir aber, wo du bist. Atmest ruhig und gleichmäßig. Du sagst mir ganz ruhig, wo du bist.

M: In unserem Garten.

H: Was machst du da?

M: Nix. Nichts, nichts, nichts... gar nichts.

H: Du gewinnst nun einen Abstand von dem, was du erleben wirst. Du wirst das Ganze wie in einem Film vor dir ablaufen sehen, du hast keine innere Beteiligung zu dem, was du nun sehen wirst, sondern wirst es mir ganz ruhig erzählen. Du atmest ruhig und gleichmäßig. Wir gehen immer weiter vorwärts. Weiter vorwärts, weiter vorwärts. Du trittst in ein neues Leben ein... und du fühlst dich wohl. Sehr, sehr wohl. Sage mir, wie fühlst du dich?

M: Schön.

H: Wo befindest du dich?

M: Auf dem *Fuß*boden.

H: Wie heißt du denn?

M: Klaus-Peter S.

H: Welches Jahr schreiben wir?

M: 1955... ein bißl nach 1955 (undeutlich gesprochen).

H: Wie alt bist du denn?

M: Ein Jahr (danach atmet er schwer).

H: Du fühlst dich wohl, du atmest ruhig und gleichmäßig. Du fühlst dich wohl, es ist schön, so richtig schön. Wir gehen jetzt weiter vorwärts. Immer weiter vor, du bist drei Jahre alt. Du bist fünf Jahre alt. Wir gehen noch weiter vor, und du bist sieben Jahre alt. Wie heißt du denn?

M: Claus Peter S.

H: Wie alt bist du denn?

M: Oh, sieben Jahre.

H: Du kannst doch schon rechnen?

M: Ja.

H: Sag mal, wieviel ist Wurzel aus neun?

M: Ha, das kann ich noch nicht... bin doch kein Wunderkind.

H: Wir gehen weiter vorwärts. Du bist vierzehn Jahre alt. Wir gehen weiter. Übrigens, du bist vierzehn Jahre alt, welches Jahr schreiben wir?

M: 1969. Ich werd' übrigens bald fünfzehn!

H: Du wirst bald fünfzehn Jahre. Sag mal, kannst du mir eigentlich das heutige Datum sagen?

M: Oh, heute ist der 13. 1. 1969 (das Jahr ist etwas undeutlich).

H: Neunzehnhundertund?

M: Neunundsechzig! (wieder etwas aufgebracht).

H: Jawohl, stimmt! Weißt du, wo du bist?

M: Ja.

H: Wo?

M: In München, ha...

59

H: Wo befindest du dich momentan?

M: Hm, Kanapee.

H: Kannst du mir die Straße sagen?

M: Ha, A... Augustenstraße.

H: Gut. Und wie fühlst du dich?

M: Oh, sauwohl.

H: Ich werd' dich nun bald aufwecken, und wenn du wach bist, fühlst du dich genauso sauwohl wie jetzt! Unwahrscheinlich wohl und glücklich. Du fühlst dich so wohl und glücklich, daß du dich kaum erinnern kannst, dich jemals schöner und wohler gefühlt zu haben. Und du wirst auch nicht vergessen, was ich dir vor einiger Zeit, am Anfang deines tiefen Schlafes gesagt habe.«

Und hier das zweite Protokoll, eine Woche darauf:

»Wir bereiten ein Hypnose-Experiment vor. – Wir haben heute den 20. 1. 1969. – Medium ist Klaus-Peter S., geboren am 28. 2. 1954. – Hypnotiseur: Thorwald Dethlefsen.

Als Zeugen sind anwesend: Rolf K., Frank Sch., Klaus B., Gilbert K., Bernd S., Tony N., Brigitte S., Ursula H., Max L., Ferdinand M., Bernd E., Alice H., Hans F., Hans Jürgen S., Charlotte K.

(Nach Einleitung der Hypnose und der Rückversetzung auf das 1. Lebensjahr folgte dieses Gespräch:)

H: Heute ist dein erster Geburtstag – was für ein Datum haben wir denn heute?

M: 28. 2. 1955.

H: Wie fühlst du dich?

M: (unverständlich).

H: Wie groß bist du etwa?

M: Ungefähr zweiundfünfzig Zentimeter.

H: Was ist bitte drei mal drei?

M: (schweigt lange).

H: Weißt du's?

M: Nein.

H: Wo befindest du dich? An welchem Ort?

M: Kulmbach.

H: Wir gehen jetzt noch weiter zurück – bis zu deiner Geburt!

Du atmest ganz ruhig und ganz tief! Dein ganzer Körper ist entspannt und ruhig! Du wirst jetzt in der nächsten Zeit keinerlei Beschwerden haben, aber alles, was ich dir sage, wirst du auf einmal wiedererleben! Zwar mit einer gewissen Distanz, so daß du es mir genau schildern kannst – du wirst mir alles ganz genau schildern können, was geschieht und was du erlebst, weil du es ganz exakt vor dir siehst –, aber irgendwie bist du ein wenig unbeteiligt an der ganzen Sache – es wird so sein, als schautest du einem Fremden zu, dabei bist du es aber selbst! – Du wirst also zur Zeit gerade geboren!

H: Wie fühlst du dich?

M: Schlecht.

H: Was siehst du?

M: Nichts.

H: Ist es hell oder dunkel?

M: Hell.

H: Was spürst du?

M: Nichts.

H: Wie groß bist du etwa?

M: Hm, achtundzwanzig Zentimeter.

H: Achtundzwanzig Zentimeter?

M: Ja, so was.

H: Was hast du denn an?

M: Nichts.

H: Sag mir mal bitte genau, wo du dich befindest!

M: Weiß ich nicht!

H: Weißt du es nicht?

M: Nein – ja – im Raum.

H: In welchem Raum? Was ist das für ein Raum, in dem du dich befindest?

M: Heller Raum.

H: Du weißt aber nicht, was das für ein Raum ist?

M: Nein.

H: So, wir gehen jetzt ein ganz bißchen weiter zurück – etwa drei Monate – sag mir bitte, wo befindest du dich?

M: In einer Höhle.

H: Was siehst du?

M: Nichts.

61

H: Wie fühlst du dich?

M: Gut.

H: Wie ist deine Umgebung?

M: Dunkel.

H: Fühlst du dich wohl?

M: Ja.

H: Hast du irgendwelche unangenehme Gefühle?

M: Nein.

H: Kannst du irgend etwas fühlen?

M: Nein.

H: Wie groß bist du etwa?

M: Ungefähr – hm – zwanzig bis fünfundzwanzig Zentimeter.

H: So groß?

M: Ja.

H: Wie alt bist du etwa?

M: Weiß nicht.

H: Kannst du schätzen?

M: Ein halbes Jahr.

H: Gut – wir gehen noch weiter zurück – um knapp sechs Monate! Wo befindest du dich?

M: Wieder in einer Höhle.

H: Wie groß bist du etwa?

M: Weiß nicht.

H: Schätze bitte.

M: Hm... zehn Zentimeter.

H: Wir gehen noch weiter zurück! Du wirst ab jetzt ganz ruhig und tief atmen und keinerlei Beschwerden empfinden! Wir gehen weiter zurück und weiter zurück! Wo befindest du dich?

M: Nirgends.

H: Wie groß bist du etwa?

M: Bin nicht groß.

H: Bitte?

M: Bin überhaupt nicht groß!

H: Du bist also klein?

M: Ja, ganz klein, ganz, ganz klein!

H: Wie groß etwa, oder wie klein etwa?

M: Ein Millimeter.

H: Und wo befindest du dich?

M: Weiß nicht.

H: Fühlst du dich wohl?

M: Hm... Hab' kein Empfinden.

H: Was kannst du sehen?

M: Nichts.

H: Wie heißt du?

M: Ich hab' keinen Namen.

H: Wie alt bist du?

M: Ich hab' kein Alter.

H: Warum nicht?

M: Weiß ich nicht.

H: Du redest immer von »ich« – als was würdest du dieses »ich« bezeichnen?

M: Vielleicht als Bazillus.

H: Wie kommst du auf diesen Gedanken?

M: Weil ich so winzig klein bin!

H: Kannst du dich sehen?

M: Nein.

H: Kannst du dich in deiner Größe spüren?

M: (zögernd) Ja.

H: Kannst du Gut und Böse unterscheiden?

M: Nein.

H: Kann es vorkommen, daß du in deinem jetzigen Zustand irgendwann einmal ein unangenehmes Gefühl hast?

M: Nein.

H: Ist der Zustand also kontinuierlich angenehm?

M: Er ist was, wie, wo???

H: Ist er dauernd ununterbrochen angenehm, dieser jetzige Zustand?

M: Er ist nicht angenehm, nicht nicht angenehm.

H: Er ist also weder schön noch...

M: (unterbrechend) Genau, genau.

H: Wir gehen jetzt noch ein bißchen weiter zurück, und zwar bis zu einem ganz bestimmten Zeitpunkt – sagen dir Jahreszahlen etwas?

M: Ja, glaub' schon – weiß nicht.

H: Was würdest du sagen, in welchem Jahr befindest du dich jetzt etwa?

M: Hm... neunzehnhundert... hm... sechsunddreißig.

H: Was weißt du Besonderes aus diesem Jahr?

M: Nichts.

H: Was ist da geschehen?

M: Weiß nicht!

H: Weißt du, wie ein Mensch ausschaut?

M: Nein.

H: Was ist ein Mensch?

M: Weiß nicht.

H: Aber du kennst doch einen Elefanten?

M: Na!

H: Wieso nicht? Warst du noch nie im Zoo?

M: (lächelt).

H: Hm... sag mir.

M: (ärgerlich) Ich weiß doch nicht, was ein Zoo ist!

H: Ach, du kennst keine Menschen – aber auf der Welt sind doch sehr viele Menschen.

M: Weiß nicht.

H: Wo ist die Welt ungefähr?

M: Hm... weiß nicht.

H: Du kennst die Welt?

M: Nein.

H: Wieso nicht?

M: (atmet tief und sagt betont ärgerlich) Weiß nicht!!!

H: Wir gehen um zirka dreißig Jahre zurück – vielleicht kannst du irgend etwas sehen?

M: Nein.

H: Nein? Welches Jahr schreiben wir denn?

M: Hm... 1906!

H: Wir gehen um ein Jahr zurück... kannst du etwas sehen?

M: Nein.

H: Wo befindest du dich?

M: Ich weiß nicht.

H: Wie heißt du?

M: ...

H: Wie fühlst du dich?

M: Hm, hm... tot.

H: Du atmest ganz ruhig und gleichmäßig – du wirst mir nun ganz nüchtern schildern, was mit dir los ist! Wo bist du?

M: In einem Grab.

H: In einem Grab bist du. Wo ist dieses Grab?

M: In einem riesigen Garten.

H: Wo ist dieser Garten?

M: In Frankreich.

H: In welchem Ort?

M: Paris. .

H: Warum liegst du in diesem Grab?

M: Weil ich tot bin!

H: Warum bist du tot? Du bist doch sicher an irgend etwas gestorben – warum?

M: Ja, ja!

H: Sag mir mal die Ursache!

M: Oh, ich hab' mich erschossen!

H: Du hast Selbstmord begangen?

M: Ja.

H: Warum?

M: Hm... ich hab' so viele Schulden!

H: Du hast Schulden gemacht?

M: Ja.

H: Warum?

M: Mei, versteh' ich nicht – so gekommen.

H: Kannst du dich selbst sehen?

M: Nein.

H: Du spürst dich aber?

M: Ja.

H: Wann hast du dich denn erschossen? Kannst du mir das Datum sagen?

M: (zögernd) Ja... wann war das?... hm... 1905, ja, es ist vor kurzem gewesen – vor zwei Monaten ungefähr.

H: Versuch doch bitte, mir genau das Datum zu sagen.

M: ...

65

H: Wart, wir gehen noch ein bißchen weiter zurück – und zwar so weit, bis dir das Datum einfällt.

M: ...

H: Denk ein bißchen nach, es regt dich nichts auf, du fühlst dich wohl, sehr, sehr wohl! Aber sag mir bitte mal das Datum!

M: Der 17, 3.

H: Jahr?

M: Ja!

H: Welches Jahr?

M: 1905.

H: Der 17. März 1905?

M: Ja!

H: Vormittags oder nachmittags? Abends? Nachts?

M: Hm... das ist abends.

H: Kannst du mir die Uhrzeit sagen?

M: Ja – Mitternacht!

H: In einem Garten... welcher Garten ist das?

M: Unser Garten.

H: Wohnen dort deine Eltern?

M: Ja.

H: Wie heißen die?

M: Duprée.

H: Vorname von deiner Mutter?

M: Charlotte.

H: Von deinem Vater?

M: Jean.

H: Wie heißt du?

M: Jean.

H: Wann bist du geboren?

M: Hm... 1882.

H: An welchem Datum?

M: (atmet schwer)... ich weiß es nicht mehr!

H: Wir gehen noch etwas weiter zurück... so zirka drei Jahre – sag mir, wo befindest du dich?

M: Hm... großer Saal.

H: Wo ist dieser Saal?

M: Na, bei uns!

H: Was heißt bei euch – was heißt bei uns?

M: Bei uns ist bei uns!!!

H: Wo ist das? Welche Stadt, welches Land?

M: (ungehalten) Na, Paris!!!

H: Du bist Franzose?

M: Ja.

H: Dann will ich dich doch bitten, französisch zu sprechen! Antworte bitte jetzt auf alles, auch wenn ich deutsch frage, auf französisch! Einverstanden?

M: (äußert seinen Unwillen!)

H: Warum nicht? Du bist doch Franzose! Also einverstanden?

M: Nein!!!

H: Ich bitte dich aber darum!

M: Ich mag aber nicht!

H: Ach, du kannst gar kein Französisch?

M: Nein.

H: Warum nicht?

M: Weiß nicht.

H: Du bist Franzose, hast du eben gesagt.

M: Ja!

H: Warum kannst du kein Französisch?

M: Weil... äh... ich weiß nicht!!!

H: Sprechen deine Eltern Französisch?

M: Nein.

H: Es wird jetzt ein Herr eine Frage an dich stellen; ich bitte dich sehr, sehr höflich und freundlichst, diese Frage zu beantworten!

(Herr Bernd E. stellt einige Fragen auf französisch, die alle nicht beantwortet werden!)

H: Warum antwortest du nicht?

M: Ich versteh's nicht!

H: Wie sprechen denn deine Eltern?

M: Die sprechen deutsch.

H: Wieso?

M: Weiß auch nicht.

H: Aber ihr seid doch in Frankreich – wie ist das zu erklären?

M: ...Ja.

H: Wie erklärst du dir das? Wie sprichst du denn, wenn du aus

67

dem Haus gehst? Ihr habt doch sicher Freunde, Bekannte; wie sprechen denn die?

M: Ich sprech' mit denen deutsch.

H: Wieso können die Deutsch?

M: Weiß doch ich nicht! ... weil sie Deutsch können!

H: Ihr lebt in Zürich?

M: Nein.

H: Nein? Wo dann?

M: Paris!

H: Ach ja! Du warst sicher schon mal auf dem Eiffelturm oben?!

M: Nein.

H: Nein?

M: Kenn' ich gar nicht!

H: Wieso nicht?

M: Weiß doch ich nicht.

H: Sag mir mal das Wahrzeichen von Paris.

M: Hm... Notre-Dame.

H: Hat es sonst noch irgendein Wahrzeichen?

M: Hm...

H: Irgendeine markante Angelegenheit in Paris?

M: Ah... den... ach, fällt mir jetzt nicht ein!

H: Was ist das? – umschreib es mal, was du da eben meintest!

M: Großes Tor.

H: Aha – wie kann denn das heißen?

M: Hm... weiß nicht.

H: Heißt es Siegestor?

H: Ja, ich glaub' schon.

H: Wie nennen es die Franzosen?

M: ... (überlegt) ...

H: Ich zähle bis drei, dann fällt es dir blitzartig ein – eins – zwei – drei!

M: Arc de Triomphe.

H: Auf welche Schule gehst du?

M: Ich geh' auf keine Schule!

H: Warum nicht?

M: Mei... wir haben so viel Geld.

H: Ihr habt viel Geld?

68

M: Ja, ja!!!

H: Wieso, was hat denn dein Vater für einen Beruf?

M: Der hat keinen Beruf!

H: Wieso nicht?

M: Hm... der braucht nicht zu arbeiten!

H: Das versteh' ich nicht ganz – warum nicht?

M: Weil wir so viel Geld haben!

H: Ach... und woher habt ihr das viele Geld?

M: ...das haben wir eben!!!

H: Ah – ja... wie alt bist du?

M: (nach langem Überlegen und Zögern) Ungefähr... um die Dreiundzwanzig so...

H: Hast du irgendwelche Sorgen?

M: Nein.

H: Du bist glücklich, zufrieden?

M: Ja, ja.

H: Wie siehst du bitte aus? Stell dir vor, du stehst vor einem Spiegel; schildere mir möglichst genau, wie du aussiehst!

M: ...hm...

H: Fangen wir oben bei den Haaren an.

M: Sind lang.

H: Und welche Farbe?

M: Blond.

H: Augenfarbe?

M: Blau.

H: Nase?

M: Wie, Nase???

H: Hast du eine kurze, große, lange, kleine Nase?

M: Normale Nase.

H: Schildere mir bitte deine Kleidung, die du anhast.

M: ...Rüschen.

H: Farbe?

M: Weiß.

H: Ich meine die gesamte Kleidung.

M: Blau.

H: Ich möchte nochmals drauf zurückkommen auf deinen Vater; du sagst, er arbeitet nicht – was ist denn dein Vater?

M: Hm... mein Vater ist nichts.

H: Gar nichts?... also wenn ich ihn ansprechen müßte, wie müßte ich ihn ansprechen?

M: Mit Baron!

H: Wieso mit Baron?

M: Weil er Baron ist!

H: Ach, er ist Baron... habt ihr so kleine Karten, wo euer Name draufsteht?

M: Ja.

H: Wie schaun diese Karten aus?

M: Steht der Name drauf und dann... ist so'n Krönchen drauf!

H: Eine was?

M: Krone!!!

H: Wieviel Zacken hat diese Krone?

M: Sechs – glaub' ich.

H: Schau mal genau hin! Eine Karte liegt jetzt gerade vor dir, du brauchst also nur abzuzählen!

M: Fünf!

H: Du bist dir sicher?

M: Weiß nicht genau – Krone ist Krone!!!

H: Ich werde nun bis drei zählen, dann kannst du auf einmal Französisch verstehen!

M: Und wenn nicht?

H: Warte mal ab; ich zähle mal bis drei, dann wirst du auf einmal jemanden hören, der Französisch mit dir spricht, und dann kannst du's auf einmal verstehen! Egal, wie du mir antwortest, du kannst französisch antworten, du kannst deutsch antworten! Eins – zwei – drei du verstehst Französisch!

(Herr Bernd E. stellt wiederum Fragen in französischer Sprache an das Medium!)

H: Du kannst mir deutsch antworten... nichts verstanden?

M: Nein.

H: Nun, das macht nichts; weißt du die Abstammung deiner Eltern?

M: Das ist doch uninteressant, Hauptsache, wir sind Barone!!!

H: Gerade deswegen finde ich es sehr interessant; haben deine Eltern nie erzählt von früher, wo sie herkommen?

M: Nein.

H: Ihr habt einen sehr französischen Namen, und ihr sprecht nicht französisch – sprechen deine Eltern auch nicht?

M: Nein, die sprechen deutsch.

H: Immer? ...oder können sie auch Französisch?

M: Weiß nicht, mit mir sprechen sie immer deutsch.

H: Wie erklärst du dir, daß ihr einen französischen Namen habt und deutsch sprecht und in Paris lebt? Das paßt doch nicht zusammen!

M: Vielleicht haben wir früher in Deutschland gewohnt oder in einem deutschsprachigen Land, Schweiz... Österreich?!

H: Wo bist denn du geboren?

M: In Paris!

H: Hast du Geschwister, oder bist du das einzige Kind?

M: Nein, ich bin das einzige Kind.

H: Was ist zwei und drei?

M: Fünf.

H: Was ist siebenundzwanzig weniger fünf?

M: Zweiundzwanzig!

H: Was ist dreieinhalb weniger zweieinhalb?

M: Eins!

H: Was ist die Wurzel aus drei?

M: Weiß ich nicht.

H: Hast du Angst vor der Atombombe?

M: Hm???

H: Ob du Angst hast vor der Atombombe?

M: Kenn' ich nicht.

H: Wer regiert euer Land?

M: Irgend so 'ne Type...

H: Du mußt doch wissen, wer das ist – du hast doch als Baronsohn eine so gute Erziehung, daß du das ganz bestimmt weißt! Weißt du den Namen? Was ist denn das eigentlich für eine Person? Du sagst »irgend so eine Type« – ist das ein Bundeskanzler oder eine Königin?

M: König!

H: König? – Keine Königin? Auch kein Bundeskanzler?

M: (lachend) Nein!

71

H: Bist du dir sicher? Hast du den König schon mal gesehen?

M: Nein – weiß nicht – glaub' nicht! Kann sein...

H: Weißt du, wo er wohnt?

M: Nein.

H: Kannst du mir bitte die Adresse angeben, wo ihr wohnt?

M: ...hm... es hat keine Adresse!

H: Wieso hat das keine Adresse?

M: Weiß doch ich nicht!

H: Schildere mir mal, wie das Haus ausschaut! Ist es ein kleines Haus?

M: Nein, ein großes Haus!

H: Wie groß?

M: Hm... sehr groß!

H: Wie heißt denn dieser Palast?

M: Ich weiß nicht!

H: Ich glaube, du hast mir mal gesagt, ihr habt einen Mercedes?

M: (lachend) Na, hab' ich nicht gesagt!

H: Nein?

M: Nein!

H: Aber ihr habt einen?!

M: Nein!... Was ist das?

H: Du wirst doch wissen, was ein Mercedes ist!

M: Ich weiß es nicht!

H: Was glaubst du, was das ist?

M: Hm, ein Vogel.

H: Habt ihr Tiere?

M: Nein.

H: Wieviel Bedienstete habt ihr?

M: Weiß nicht.

H: Sag mir bitte die Namen irgendwelcher Bekannten und Freunde von dir, Leute, die im Haus ein und aus gehen, Leute...

M: (unterbricht) Ja, ja, Hauslehrer!

H: Wie heißt der?

M: Der heißt so wie ich – Jean!

H: Nachname?

M: Ich red' ihn nur mit Jean an!

H: Ja, aber du wirst doch wissen, wie er mit dem Nachnamen heißt!

M: Ist mir egal, ich red' ihn mit Jean an!

H: Wie sieht er aus?

M: Ja... so ähnlich wie ich.

H: Hast du sonst noch irgendeinen Bekannten, einen Freund, eine Freundin? Kennst du irgendein Mädchen?

M: (überlegt) Mir fällt jetzt keins ein!

H: Wie alt bist du, hast du gesagt, dreiundzwanzig? Dann gehen wir mal um ein Jahr vorwärts. Du bist vierundzwanzig Jahre alt. Hat sich irgend etwas gegenüber dem letzten Jahr geändert bei dir? In deinen Verhältnissen? Lebst du noch bei deinen Eltern?

M: Ja.

H: Irgend etwas geändert?

M: Glaube, nicht.

H: Trinkst du gern?

M: Ja.

H: Viel?

M: Das ist relativ.

H: Kannst du mir irgendeine Maßeinheit sagen? Wieviel ungefähr am Abend oder pro Tag?

M: Ungefähr zwei Flaschen Cognac.

H: Am Tag zwei Flaschen Cognac.

M: Ja.

H: Woher hast du das Geld dafür?

M: Brauch' kein Geld – liegt rum.

H: Was, das Geld?

M: Nein, der Cognac.

H: Wo ist der?

M: Steht so rum.

H: Wo, auf der Toilette?

M: (lachend) Nein, im Salon.

H: Wie schaut euer Salon aus?

M: Sehr groß.

H: Groß?

M: Ja.

H: Wie ist er eingerichtet?

M: Geräumig, nicht viel drin.

H: Schildere mir mal die Möbel, wie sie aussehen?

M: Hm, ein großer Tisch.

H: Sag mir, ist er aus Teakholz, der Tisch?

M: Weiß nicht.

H: Wir gehen noch ein bißchen weiter. Trinkst du immer noch gerne? Hast du viel Geld?

M: Ja.

H: Woher hast du dieses Geld?

M: Von meinen Eltern.

H: Wieviel hast du so im Monat? – oder in der Woche. Es ist mir egal, was du sagst. Rund geschätzt, ungefähr?

M: Zehntausend Franc.

H: In welchem Zeitraum?

M: In einer Woche.

H: Was machst du mit dem Geld?

M: Ich spiel' mit Freunden.

H: Wie heißen diese Freunde?

M: Mein Hauslehrer.

H: Dein einziger Freund.

M: Ja.

H: Und so vertust du dein Geld?

M: Ja, ja.

H: Gehst du in Paris aus?

M: Nein, weniger...

(Kurze Unterbrechung in der Bandaufnahme.)

H: Trinkst du noch?

M: Ja.

H: Wie geht es dir finanziell?

M: Nicht gut.

H: Warum nicht?

M: Kriege kein Geld mehr.

H: Warum nicht?

M: Weiß nicht.

H: Das muß doch einen Grund haben. Den mußt du doch wissen.

M: Hab' mich zerstritten.

H: Wo wohnst du?

M: Immer noch im Palast.

H: Du redest mit deinen Eltern noch?

M: Nein.

H: Trinkst du noch gerne?

M: Ja.

H: Wo nimmst du das her?

M: Das besorgt mir mein Freund.

H: Umsonst?

M: Ja.

H: Er schenkt es dir?

M: Ja, er holt es aus dem Salon.

H: Ach so, aus dem Salon. Es ist euer eigener Cognac?

M: Ja, ja.

H: Ist es dein Hauslehrer?

M: Ja.

H: Wie alt ist er?

M: Älter als ich – ungefähr so achtundzwanzig.

H: Du sagtest, es geht dir nicht mehr so gut?

M: Ja (gequält).

H: Brauchst du Geld?

M: Ja.

H: Warum? Für was brauchst du Geld?

M: Ich kann ohne Geld nicht leben.

H: Ja, du hast doch alles. Du wohnst zu Hause. Du hast zu trinken. Wozu brauchst du Geld?

M: Ich brauche es eben. Wenn ich es nicht in den Fingern habe, fühle ich mich nicht wohl.

H: Bist du krank?

M: Ja.

H: An was?

M: Hm, ich weiß nicht (jetzt sehr undeutlich und nicht genau zu verstehen): unten (?) irgend etwas.

H: Du atmest ganz ruhig und gleichmäßig. Wir werden jetzt ganz schnell in der Zeit nach vorne gehen. Das geht ganz schnell und wird dich in keiner Weise belasten, es geht wie im Fluge, wir gehen nach vorne immer weiter, immer weiter. Sag mir, wo befindest du dich gerade?

M: Unter der Erde.

H: Hast du einen Körper?

M: Ja.

H: Wo befindest du dich?

M: In einem Garten.

H: Wir gehen in der Zeit weiter, bis sich an deinem jetzigen Zustand etwas ändert, und das wirst du mir bitte schildern! So lange gehen wir vorwärts.

M: Ärmlich.

H: Was ärmlich?

M: Die Umgebung.

H: Wo befindest du dich?

M: Im Haus.

H: Wie heißt du?

M: Klaus-Peter S.

H: Wie alt bist du?

M: Gerade erst geboren.

H: In welcher Stadt befindest du dich?

M: In Kulmbach.

H: Wir gehen weiter vorwärts, immer weiter gehen wir voran in deinem Leben, du bist ein Jahr alt, du bist zwei Jahre alt, du bist fünf Jahre alt, du bist sieben Jahre alt, du bist zehn Jahre alt, welches Jahr schreiben wir?

M: 1964.

H: Wie heißt du?

M: Klaus-Peter S.

H: Wir gehen weiter – du bist zwölf Jahre alt, du bist vierzehn Jahre alt. Welches Jahr haben wir?

M: 1969.

H: In welchem Monat befinden wir uns?

M: Januar.

H: Weißt du das genaue Datum?

M: Ja, ja, 21.

H: Bist du dir sicher?

M: Ja.

H: Weißt du, wo du dich befindest?

M: Ja, ja, in der Augustenstraße.

H: Weißt du, was mit dir geschehen ist?

M: Ich bin in einem hypnotischen Schlaf.

H: Ist dieser Schlaf tief oder leicht?

M: Tief.

H: Sehr tief?

M: So mittel.

H: Fühlst du dich wohl?

M: Ja.«

Medium wird aufgeweckt. Ende der Sitzung.

Einige Jahre später, am 3. August 1972, lernte ich in einem privaten Kreis den zwanzigjährigen Abiturienten Konrad H. kennen, der sich als sehr gutes Medium erwies. Einige der anwesenden Personen, die von meinen Reinkarnationsexperimenten wußten, ermunterten mich, einmal zu versuchen, ob ich auch Herrn Konrad H. bis in ein früheres Leben zurückversetzen konnte. Herr Konrad H. wußte von meinen Experimenten nichts und stellte sich ahnungslos zu jener Sitzung zur Verfügung, bei der schließlich nach der üblichen Einleitung das folgende kurze Protokoll entstand:

»H: Wir gehen um ein weiteres Jahr zurück, du bist zwei Jahre alt, wie fühlst du dich?

M: Wohl.

H: Wie alt bist du?

M: Zwei Jahre.

H: Wir gehen um ein weiteres Jahr zurück, du bist ein Jahr alt, wie heißt du? (Pause) Wie heißt du? Du kannst mir jede Frage beantworten, sprich!

M: (schweigt).

H: Wie alt bist du?

M: Ein Jahr.

H: Stört dich irgend etwas?

M: Nein.

H: Wie fühlst du dich?

M: Normal.

H: Gut, wohl?

M: Ja.

H: Auch wenn du immer jünger wirst und ich dich immer weiter zurückversetze, verstehst du jede Frage und kannst auch jede Frage beantworten, dir steht nämlich ein riesengroßer Wortschatz zur Verfügung. Wir gehen nämlich jetzt noch weiter zurück. Du atmest ganz ruhig und ganz tief, dein ganzer Körper ist entspannt und ruhig. Du wirst jetzt in der nächsten Zeit keinerlei Beschwerden haben, du wirst dich wohl fühlen, aber alles, was ich dir sage, wirst du auf einmal wieder erleben, und zwar mit einer gewissen Distanz, so daß du es mir genau schildern kannst. Du wirst mir alles ganz genau schildern können, was geschieht und was du erlebst, weil du es ganz exakt vor dir siehst. Aber irgendwie bist du ein wenig unbeteiligt an der ganzen Sache, es wird so sein, als wenn du einem Fremden zuschaust, in Wirklichkeit bist du's aber selbst. Wir gehen jetzt noch weiter zurück, und zwar bis zu deiner Geburt. Du wirst also zur Zeit gerade geboren. Wie fühlst du dich?

M: Kalt.

H: Was noch?

M: Hell.

H: Was kannst du noch wahrnehmen? Irgend etwas Unangenehmes?

M: Nein (drückt).

H: Wir gehen noch etwas weiter zurück, wir gehen um drei Monate weiter zurück, wie fühlst du dich?

M: Wohl.

H: Wo befindest du dich?

M: Dunkel.

H: Was spürst du?

M: Wärme.

H: Wie heißt du? (Pause) Weißt du nicht?

M: Nein.

H: Macht nichts. Wenn ich dich etwas frage, was du nicht weißt, sagst du: weiß ich nicht. Stört dich etwas?

M: Nein.

H: Wenn du irgend etwas sagen willst, so brauchst du es mir nur

6 Jahre:

Das Essen schmeckt gut.

Konrad

8 Jahre:

Konrad

10 Jahre:

Konrad

14 Jahre:

Konrad

18 Jahre:

Konrad

20 Jahre:

Konrad

Diese Namenszüge hat Konrad H. innerhalb einer Hypnosesitzung in den verschiedenen suggerierten Altersstadien geschrieben.

zu sagen. Wir gehen um weitere sechs Monate zurück, wo befindest du dich? Sag mir, siehst du etwas?

M: Dunkel.

H: Stört dich das?

M: Nein.

H: Siehst du etwas?

M: Tunnel.

H: Einen Tunnel? Was noch? Du bist ganz ruhig. Du hast eine gewisse Distanz zu allem, was du erlebst, du siehst es mehr, als daß du es spürst. Deswegen kannst du mir auch ganz genau schildern, was du erlebst, ohne eine zu große eigene Beteiligung. Du hast eine gewisse Entfernung zu dem, was du jetzt erlebst. Wie wenn du einem Fremden zuschaust, wird es dir sein, obwohl du es selbst bist. Du bist also ganz ruhig und kannst ganz sachlich alles beantworten. Dir geht es dabei gut, du atmest tief und gleichmäßig. Was siehst du noch? Was spürst du? Was kannst du wahrnehmen?

M: Ich geh' durch einen Tunnel.

H: Wir gehen um ein halbes Jahr weiter zurück. Du bist ganz ruhig, du atmest ruhig und gleichmäßig, es geht dir gut. Wie fühlst du dich?

M: Leicht.

H: Ich habe nun eine große Bitte an dich, du sollst in Gedanken so weit zurückgehen, bis du auf ein neues, irgendwie beschreibbares Ereignis stößt, das man wieder in Worte fassen kann. So weit sollst du suchend in Gedanken zurückkehren, wenn du irgend etwas Neues findest, so wirst du es mir sofort sagen und schildern. Du gehst also in Gedanken weiter zurück und wirst mir auch alles sagen und schildern können, was du dabei erlebst. Hast du schon etwas?

M: Einen Baum.

H: Einen Baum?

M: Licht.

H: Und ein Licht? Wie heißt du?

M: Weiß ich nicht.

H: Wie groß bist du?

M: 1,60 Meter.

H: Wo befindest du dich?

M: Unter einem Baum.

H: Wo steht dieser Baum? Wie siehst du aus?

M: Ich habe eine grüne Kleidung an.

H: Welches Jahr schreiben wir? Wenn du es nicht weißt, brauchst du nur sagen: ich weiß es nicht.

M: Sechzehnhundert.

H: Sechzehnhundert – in welchem Land bist du?

M: Kein Land.

H: Wo dann? Stadt? Ort?

M: Schwarzes Feld.

H: Schwarzes Feld? Warum schwarz?

M: Kann nichts Besonderes darauf erkennen.

H: Was kannst du mir von dir erzählen?

M: Ich stehe unter dem Baum.

H: Hast du einen Beruf?

M: Nein.

H: Welche Tätigkeit übst du gerade aus?

M: Ich spiele.

H: Mit was?

M: Gitarre – Mandoline.

H: Wie heißt du? Wie nennt man dich?

M: Jäger.

H: Man nennt dich Jäger? Du hast doch bestimmt einen Namen, mit dem man dich ruft. Wenn dich irgend jemand ruft, wie nennt er dich? Wie fühlst du dich?

M: Wohl.

H: Du hast keinen Namen?

M: Tulli.

H: Tulli? Kannst du lesen?

M: Ja.

H: Kannst du schreiben?

M: Ja.

H: Buchstabiere mir deinen Namen.

M: T ... u ... l ... l ... i.

H: Welches Jahr schreiben wir gerade? Du bist ganz ruhig, du atmest ruhig und gleichmäßig.

M: Sechzehnhundert.

H: Genau sechzehnhundert?

M: Ja.

H: Wie heißt denn euer König oder Kaiser? Wem dienst du?

M: Frei.

H: Was frei? Weißt du nicht? Ich zähle bis drei, dann weißt du es. Eins – zwei – drei.

M: Heinrich.

H: Heinrich? In welchem Land befinden wir uns, welchem Staat? Welchem Gebiet? Wie nennt man das, wo du wohnst? Das weißt du doch. Eins – zwei – drei – du weißt es.

M: Schwarze Donau.

H: Schwarze Donau? Und du bist Jäger – du heißt Tulli – du stehst unter einem Baum und spielst Gitarre. – Wir gehen in der Zeit nun wieder vorwärts, denn Zeit spielt für uns keine Rolle. Wir gehen weit, weit vorwärts, vorwärts und immer weiter vorwärts, bis zu einem Jahr, das nennt man 1952, 1952. Du wirst geboren als kleiner Konrad, denn wir sind bereits über den Mai 1952 hinaus. Du heißt Konrad H., du fühlst dich wohl und schläfst tief und fest. Wir schreiben das Jahr 1954, wie alt bist du?

M: Zwei Jahre.

H: Wie heißt du?

M: Weiß nicht.

H: Wir gehen um zwei Jahre weiter, wir schreiben das Jahr 1956. Wir alt bist du?

M: Vier Jahre.

H: Wie heißt du denn?

M: Konrad.

H: Wie fühlst du dich?

M: Wohl.

H: Wir gehen weiter, um zwei Jahre, du bist sechs Jahre alt, gehst du schon in die Schule?

M: Ja.

H: Wir gehen weiter in deinem Land, du bist acht Jahre alt. Wie heißt du?

M: Konrad H.

H: Heute ist dein achter Geburtstag. Welches Datum haben wir?

M: 1960.

H: Welcher Wochentag?

M: Mittwoch.

H: Wir gehen weiter, du bist zehn Jahre alt. Wir gehen weiter, du bist zwölf Jahre alt. Wir gehen weiter, du bist vierzehn Jahre alt. In welche Klasse gehst du?

M: Dritte.

H: Wie heißt deine Schule?

M: ...Gymnasium.

H: Wie fühlst du dich?

M: Wohl.

H: Wir gehen weiter, um zwei Jahre, du bist sechzehn Jahre alt, wir gehen weiter, du bist achtzehn Jahre, wir gehen weiter, du bist zwanzig Jahre alt. Wir haben heute den 3. August 1972, du liegst da und schläfst und fühlst dich wohl, unendlich wohl, sehr, sehr wohl, glücklich und zufrieden, du befindest dich in einem tiefen, tiefen Schlaf, ich werde jetzt einige Minuten nicht zu dir sprechen, und in diesem vertieften Schlaf wirst du dich erholen, dein ganzes Nervensystem wird sich erholen, deine Arme sind schwer und angenehm warm, dein ganzer Körper wird angenehm warm.« (Ende des Bandes.)

Leider ist es unmöglich, die Spannung der Sitzungen in schriftlichen Protokollen auch nur halbwegs wiederzugeben. Das Anhören der Tonbänder vermittelt etwas mehr von dieser spannungsgeladenen Atmosphäre, die Sitzungen selbst waren jedoch so aufregend, daß ich jedesmal unsagbar erleichtert war, wenn meine Medien wieder wach waren und unbekümmert in die Gegend lachten.

Viele Menschen, die inzwischen von meinen Experimenten erfuhren, wundern sich, daß ich seit diesen ersten Erfolgen nicht ununterbrochen weiter experimentiert habe und daß ich daher heute keine Sammlung von Hunderten von Experimenten vorlegen kann. Von solchen Fragen bedrängt, muß ich zugeben, daß ich diese Experimente gar nicht gerne mache. Obwohl Hypnose für mich seit vielen Jahren reine Routinearbeit darstellt, sind Reinkarnationsexperimente für mich nie Routine geworden. Jedesmal aufs neue erfaßt mich eine unsagbare innere Gespanntheit.

Nicht übersehen darf man auch die rechtliche Komponente: Ich kann meinen Medien vorher nichts über mein beabsichtigtes Experiment sagen, will ich nicht den Ergebnissen alle Glaubwürdigkeit entziehen. Deswegen kann ich mir von meinen Versuchspersonen vorher keine Erlaubnis für diese Experimente einholen. Diese vier Experimente mit den beiden Versuchspersonen waren schließlich nicht das Ergebnis einer geplanten Untersuchung des Reinkarnationsproblems, ganz im Gegenteil. Ich bin durch meine spielerische Neugierde und wohl gleichzeitig durch einige glückliche Umstände ganz zufällig in ein Gebiet vorgestoßen, das ich theoretisch weder ganz erfassen noch verarbeiten konnte.

Mein Denken bewegte sich damals innerhalb der tiefenpsychologischen Theorie Freuds, einigen behavioristischen Ansätzen und einem psychologischen Atheismus – ein Hintergrund also, der mir die Einordnung meiner neu entdeckten Phänomene nun wirklich nicht erleichterte. Meine dringlichste Aufgabe war also zunächst, Wege zu suchen, die den Widerspruch meiner Entdeckungen zu meinen Ansichten lösen konnten.

Der erste Versuch, meine Experimente durch mir bekannte psychologische Theorien zu erklären, führte bei näherer und ehrlicher Prüfung nicht weit. Ich interessierte mich für alles, was zu diesem Thema bereits an experimentellen oder theoretischen Ansätzen existiert, aber ich war überrascht, als ich feststellen mußte, daß ich wahrlich nicht der einzige war, der mit diesem Problem konfrontiert wurde. Ich entdeckte eine riesige Anzahl von Berichten, die alle das gleiche zu beweisen schienen: Es gibt ein Leben nach dem Tod. Unsere Existenz ist nicht ein einmaliges, kurzes Ereignis, sondern eine Kontinuität, die offensichtlich Gesetzen gehorcht, von denen ich bisher noch nie etwas erfahren hatte. Von dieser Flut von Berichten, die ich kennenlernte, möchte ich einige wenige, besonders eindrucksvolle, herausgreifen.

Der Fall Bridey Murphy

Mitte der fünfziger Jahre erschoß sich der neunzehnjährige Zeitungsjunge Richard Swink aus Schorne/Oklahoma. In seinem Abschiedsbrief stand, er habe ein Buch über Reinkarnation gelesen und wolle sich nun persönlich von der Richtigkeit der Wiedergeburtslehre überzeugen.

Er meinte das Buch des Amateurhypnotiseurs Morey Bernstein »The Surch for Bridey Murphy*«, 1956. Bernstein beschrieb darin, wie er die amerikanische Hausfrau Ruth Simmons (Deckname für Virginia Tighe) durch Hypnose in ein früheres Leben zurückversetzte. In ein Leben als Bridey Murphy, Bauerntochter und Buchhaltersfrau im Irland des vorigen Jahrhunderts.

Das Medium, das nie in Irland gewesen war, nannte unter Hypnose Details des irischen Landlebens, die von Historikern und Journalisten nach mühsamen Recherchen teilweise bestätigt wurden. Den endgültigen Beweis, daß Bridey Murphy wirklich gelebt hat, konnten sie allerdings nur bruchstückartig erbringen.

Dennoch löste Bernsteins Buch eine wahre Hysterie aus. Allein in den USA wurde es eine Million Male verkauft. Zeitschriften, die seitenweise Leserbriefe pro und contra veröffentlichten, erzielten enorme Auflagensteigerungen. Bernsteins Protokolle wurden als Schallplatten verkauft. Dann wurden sogar Bridey-Murphy-Songs komponiert.

Die Zahl der Hypnose-Circle wuchs ins Unüberschaubare, und in vielen Kreisen galt es als schick, als sein früheres oder zukünftiges Ich zu erscheinen. Die Diskussion erfaßte das ganze Land und dann auch Europa. Dieses Buch ermutigte mich, meine Experimente fortzusetzen. Es war eine Offenbarung.

---

* Dieses Buch erschien in der deutschen Übersetzung erstmals im Zierau Verlag unter dem Titel »Der Fall Bridey Murphy« und wurde 1973 im Scherz Verlag mit dem Titel »Protokoll einer Wiedergeburt« neu aufgelegt.

Die Lehre von der Reinkarnation kam aus Asien und beherrscht bis heute die größten Geister des Abendlandes.

Pythagoras beispielsweise glaubte, sich an drei frühere Leben erinnern zu können. Ovid behauptete, schon einmal während des Trojanischen Krieges gelebt zu haben, Kaiser Julian meinte, eine Wiederverkörperung Alexanders des Großen zu sein. Novalis erinnerte sich eines Lebens als Christus-Zeitgenosse und Stefan George eines Lebens im alten Spanien. Anhänger der Lehre von der Reinkarnation waren auch Plato, Plotin, Giordano Bruno, Spinoza, Milton, Swinburne, Rossetti, Goethe, Scott, Schopenhauer, Victor Hugo, Ibsen, Huxley und viele andere. Einige Zitate mögen dies illustrieren:

Rousseau
Wir Menschen leben während unseres Erdendaseins halb; das eigentliche Leben der Seele beginnt erst mit dem Tode des Körpers.

Horaz
Ich werde nicht gänzlich sterben; ein wesentlicher Teil meiner Selbst entgeht der Gruft.

Cicero
Der Tod ist kein Untergang, der alles aufhebt und zerstört, sondern ein Übergang: eine Wanderung und der Beginn eines anderen Lebens. Allem Leben ist ewiges Sein gewiß.

Schelling
Durch den Tod sind wir, bildlich gesprochen, lediglich von einem Sein in ein anderes Sein, nämlich vom Diesseits ins Jenseits eingetreten.

Freilich, viele der hier genannten Fürsprecher waren Dichter und Philosophen, denen der Zweifler vorwerfen wird, sie seien ein Opfer ihrer Einbildungskraft geworden. Der Psychologe spricht in diesem Zusammenhang vom Phänomen der »unechten Erinnerung«. Doch seit Ende des vorigen Jahrhunderts befassen sich auch Wissenschaftler, darunter zahlreiche Mediziner, mit dem Problem der Reinkarnation.

Allein der schwedische Internist John Björkhem hat nahezu sechshundert Fallstudien gesammelt. Bei vielen dieser Fälle erscheint es völlig ausgeschlossen, daß das frühere Leben des befragten Mediums lediglich als »Akt der Phantasie« zu interpretieren ist.

Hier seien nur drei Beispiele aus dieser Sammlung zitiert:

Fallbeispiel eins: Eine englische Sportlehrerin spricht unter Hypnose Altägyptisch, in einer Mundart, wie sie vermutlich zur Zeit der 18. Dynastie gesprochen wurde.

Fallbeispiel zwei: Eine Amerikanerin beherrscht zum Erstaunen der Philologen im Trancezustand eine tausend Jahre alte, fast vergessene orientalische Sprache.

Fallbeispiel drei: Ein Mann namens Mirabelli, der nie Fremdsprachen gelernt hat, schreibt unter Hypnose in achtundzwanzig verschiedenen Sprachen und Dialekten.

Der Fall Shanti Devi

Der berühmteste Fall von Reinkarnation ereignete sich in Indien.

Ich zitiere hier im Auszug den Originalbericht, der 1936 unter dem Titel »A Case of Re-Incarnation« mit einem Vorwort von Prof. M. Sudhaker von der National University in Lahore veröffentlicht wurde. Die Parapsychologin Dr. Gerda Walter übersetzte diesen Bericht ins Deutsche und veröffentlichte ihn 1956 in der Zeitschrift »Neue Wissenschaft«:

»Bis etwa zu ihrem 4. Lebensjahr sprach Shanti Devi fast nichts, als wäre sie stumm. Dann erzählte sie alles mögliche, was sie ›früher in Muttra‹ getan hatte, wie sie sich kleidete, daß sie der Choban-Kaste angehörte, ihr Mann Stoffhändler war, mit dem sie in einem gelben Hause lebte.

Die Eltern achteten zuerst nicht darauf, sie hielten es für kindliches Geschwätz. Devi ließ sich aber nicht davon abbringen und bat immer wieder, nach Muttra gehen zu dürfen. Bis 1933 erwähnte sie aber nie den Namen ihres früheren Mannes, weil es sich für eine wohlerzogene Hindu-Frau nicht schickt, Fremden gegenüber den Namen ihres Mannes zu nennen. Dann hörte ihr Großonkel, Bishan Chand, Lehrer an der Ramjas-Schule in Delhi, davon und versprach ihr, mit ihr nach Muttra zu gehen, wenn sie den Namen ihres früheren Mannes angebe. Hierauf sagte sie, er heiße ›Pandit Kedar Nath Choubey‹.

Der Lehrer erzählte die Sache seinem Direktor, der kurzerhand darüber an Kedar Nath Choubey berichtete. Zu aller Verwunderung antwortete dieser, daß alle Einzelheiten stimmten. Er schlug vor, daß ein Vetter von ihm, Kanji Mal Choubey, der in Delhi angestellt sei, mit dem Kind spreche. Gleichzeitig bat er seinen Vetter, die Kleine aufzusuchen. Dies geschah in Gegenwart von Zeugen.

Shanti Devi erkannte den Besucher sofort als ›jüngeren Vetter ihres Ehemannes‹ aus dem vorigen Leben. Sie nannte wieder den

Namen Kedar Nath, gab richtig an (ohne daß Suggestivfragen gestellt wurden), daß ihr Mann nur einen Bruder hatte, der älter war als dieser, daß der Schwiegervater zu ihren Lebzeiten noch nicht gestorben war und sie ihn wiedererkennen würde, beschrieb ihr Haus in Muttra und ein Gemüsegeschäft davor. Sie hätte eine Tochter und einen Sohn gehabt usw.

Kanji Mal Choubey war nach dieser Unterredung von der Richtigkeit der Rückerinnerung überzeugt und teilte dies Kedar Nath mit, der hierauf mit seinem zehnjährigen Sohn und seiner zweiten Frau am 13. 11. 1935 nach Delhi zu Shanti Devi kam. Diese erkannte ihn sofort beim Eintreten und brach in Tränen aus. Auch Kedar Nath war zu Tränen gerührt über die Art, wie sie seine Fragen beantwortete. Er erklärte, er sei völlig überzeugt, daß die Seele seiner verstorbenen Frau sich in Shanti Devi wiederverkörpert habe. Diese verhielt sich wie eine Mutter zu dem zehnjährigen Jungen. Obwohl sie doch erst neun Jahre alt war. Als sie nach zwei Tagen abreisten, wollte Shanti Devi mitfahren, was ihre jetzigen Eltern aber nicht erlaubten.

Shanti Devi plagte nun immer wieder ihre Eltern, mit ihr nach Muttra zu fahren. Sie werde den Weg vom Bahnhof zu ihrem früheren Heim finden, obwohl es ein ganzes Stück entfernt sei. Schließlich erwirkten die Zeugen die Erlaubnis, mit dem Kind, ihren Eltern und zehn weiteren Zeugen, darunter ein Fotograf, am 24. 11. 1935 nach Muttra zu fahren, wobei das Kind fortwährend beobachtet wurde.

Die neunjährige Shanti Devi war ungemein freudig gestimmt. Als die Bahn sich Muttra näherte, bemerkte sie in typischem Muttra-Dialekt, daß der Tempel bei ihrer Ankunft (sie wollte einen Teil ihrer Ersparnisse im Tempel opfern) schon geschlossen sein würde. Als der Zug in Muttra einfuhr, rief sie immer wieder im Dialekt: ›Muttra agai!‹ (Das ist Muttra.) Beim Aussteigen wurden die Leute auf dem Bahnsteig möglichst ferngehalten. Da kam ein älterer Mann in der typischen Kleidung von Muttra, die sie nie vorher gesehen hatte, und begab sich in eine Gruppe von Personen vor ihr. Shanti Devi sprang auf ihn zu, berührte die Füße des Fremden voller Ehrfurcht und stellte sich an seine Seite. Nach dem Mann gefragt, erklärte sie, es sei ihr ›Jeth‹ (der ältere Bruder ihres

Mannes). Tatsächlich handelte es sich um ihren Schwager Babu Ram Choubey.

Vor dem Bahnhof nahmen die Zeugen nach eigener Wahl einen Wagen und befahlen dem Fahrer, sich genau an die Weisungen des Kindes zu halten, das neben ihn gesetzt wurde. Sie lenkte den Wagen geradewegs zum Heiligen Tor und beantwortete alle Fragen nach Gebäuden und Straßen, an denen man vorbeikam, richtig, zum Beispiel, daß die Straße früher nicht geteert gewesen war, daß gewisse Gebäude früher noch nicht dort gestanden hatten usw. An einem schmalen Seitenweg ließ sie halten, um sich zu dem Haus zu begeben. Unterwegs begrüßte sie ehrfürchtig einen fünfundsiebzigjährigen Brahmanen als Schwiegervater.

Shanti Devi fand ohne weiteres ›ihr‹ Haus wieder, obwohl es jetzt nicht mehr gelb gestrichen und an andere Leute vermietet war.

Auch ihr früheres Zimmer fand sie in einem anderen Haus des Kedar Nath, zu dem man auf Umwegen gelangte. Sie zeigte auch, wo sich eine Quelle im Hof befand, die sie immer erwähnt hatte, die aber jetzt mit einem Stein zugedeckt war. Dann begab sie sich in den ersten Stock und bezeichnete ›ihr‹ früheres Zimmer, das erst aufgeschlossen werden mußte.

In einer Ecke gab sie die Stelle an, unter der ihr ›Schatz‹ versteckt liegen müsse. Sie war enttäuscht, als dort nur die leere Kassette gefunden wurde. Kedar Nath gestand später, daß er den Inhalt nach ihrem Tode entfernt habe.

Sie fand sogar ihr Elternhaus und in einer Menge von etwa fünfzig Personen ihre alten Eltern. Auch den großen Dwarkadhish-Tempel erkannte sie mit einem Freudenschrei, sowie ihren jetzt fünfundzwanzigjährigen Bruder und einen weiteren Onkel ihres Mannes.

Hier die Daten der beiden Leben:
1. Leben:
geboren: 18. Januar 1902
Vorname: Lugdi
Geburt des Sohnes: 25. September 1925
Tod (im Wochenbett): 4. Oktober 1925, 10 Uhr vormittags.

2. Leben:

Geboren: 12. Oktober 1926

Name und Adresse ihres jetzigen Vaters:

B. Rang Bahadur von Mohalla Cheerakhana, Delhi«

Der Fall Imad Elawar

Der folgende Fall wurde von dem amerikanischen Forscher Prof. Jan Stevenson, Universität Virginia, untersucht und in seinem Buch »Twenty Cases Suggestive of Reincarnation« ausführlich beschrieben. Hier eine kurze Zusammenfassung dieses Falles:

Der Junge Imad Elawar, geboren im Dezember 1958 in Kornayel im Libanon, behauptete im Alter von knapp zwei Jahren, er habe schon einmal gelebt, und berichtete über Ereignisse und Personen aus diesem früheren Leben. Die ersten Worte, die er aussprechen konnte, waren die beiden Namen »Jamile« und »Mahmoud«, obwohl diese Namen in seiner eigenen Familie gar nicht vorkommen. Ferner erzählte er immer wieder von einem Verkehrsunglück, bei dem ein Mann von einem Lastwagen überfahren wurde, beide Beine verlor und kurz darauf starb. Imad peinigt seine Eltern mit der Bitte, mit ihm nach Khirby zu fahren, einem Dorf, das rund dreißig Kilometer von Kornayel entfernt liegt, da er dort in seinem vorigen Leben als Mitglied der Familie Bouhamzy gelebt habe.

Als Imad eines Tages mit seiner Tante spazierengeht, läuft er plötzlich auf einen unbekannten Mann zu und umarmt ihn. Als dieser ihn überrascht fragt: »Kennst du mich?«, antwortet der Junge: »Ja, du warst mein Nachbar.« Der fremde Mann stammte wirklich aus Khirby. Dieser Vorfall beeindruckte nun auch Imads Vater, der bisher über die verfluchten Lügen seines Sohnes sehr erbost war. Dennoch unternahmen die Eltern keinen direkten Versuch, die Angaben Imads nachzuprüfen.

1962 erfuhr Prof. Stevenson zufällig von dem Jungen Imad und dessen Erinnerungen an ein früheres Leben. Stevenson ließ sich alle Einzelheiten dieser Erinnerungen erzählen und fuhr dann mit dem Jungen nach Khirby. Bei der Überprüfung erwiesen sich von siebenundvierzig Angaben Imads über sein früheres Leben vierundvierzig als völlig zutreffend; während des Besuchs in Khirby erwähnte Imad noch weitere sechzehn Details, von denen sich vierzehn als richtig erwiesen. Die Nachforschungen in Khirby ergaben folgendes: Die Angaben Imads über Umstände und Personen seines früheren Lebens als auch die Beschreibung des Hauses stimmten exakt mit den Lebensumständen eines gewissen Ibrahim Bouhamzy überein.

Ibrahim hatte eine Geliebte namens Jamile, mit der er unverheiratet zusammen lebte. Ibrahim war 1949 im Alter von fünfundzwanzig Jahren an Tuberkulose gestorben. Er war Lastwagenfahrer und an mehreren Unfällen beteiligt gewesen. Sein Vetter und Freund Said wurde 1943 von einem Lastwagen überfahren, wobei ihm beide Beine gebrochen wurden. Er starb bald nach der Operation. Dieses Unglück, das seinem Freund Said das Leben gekostet hatte, war Ibrahim sehr nahe gegangen. Der Mann, den Imad auf der Straße umarmt hatte, war Ibrahims Nachbar gewesen. Imad kannte die Inneneinrichtung des Hauses und wußte, wie es zur Zeit vor Ibrahims Tode eingerichtet war. Imad konnte sogar genau angeben, was Ibrahim auf dem Sterbebett vor seinem Tode gesagt hatte.

Der Fall Barbro Karlén

Der jüngste Fall einer Wiedererinnerung an ein voriges Leben beschäftigt zur Zeit die Öffentlichkeit in Schweden. Die Sensation wurde im Frühjahr 1973 durch die Wochenzeitung »Min Värld« ausgelöst, als sie das Bekenntnis der jungen Schriftstellerin Barbro Karlén veröffentlichte: »Ich war in meinem früheren Leben Anne Frank!«

Weiter sagte sie: »Ich erinnere mich an frühere Leben genauso, wie man sich in diesem Leben an seine eigene Kindheit erinnert, das ist doch selbstverständlich und einfach. Seit dem Alter von zwei Jahren weiß ich um mein Leben als Anne Frank. Aber ich sehe keine Veranlassung, das zu beweisen. Wer mir glaubt, darf das tun, und wer die Wiederverkörperung als Lüge auffaßt, der soll dabei bleiben.«

Barbro Karlén, 1955 geboren, setzte tatsächlich schon als kleines Kind ihre Umwelt in Erstaunen. Bereits mit einem Jahr konnte sie richtig sprechen. Mit zwei Jahren begann sie dann, eigenartige Dinge zu erzählen, welche die Eltern überhaupt nicht verstanden. So berichtete Barbros Mutter, Maria Karlén, von einem Spaziergang, bei dem das Kind plötzlich auf die Straße hüpfte. Als die Mutter ihr zurief: »Barbro, spring nicht auf die Straße!« drehte sich die Kleine um und sagte: »Ich heiße Anne!« Die Mutter fragte: »Wie heißt du denn noch?« Ohne zu zögern, antwortete das Kind: »Frank.« Als die Mutter sie korrigierte, daß sie doch Barbro heiße, meinte sie: »Aber ich bin alle zwei. Das letzte Mal wohnte ich bei einer anderen Mama. Aber dort blieb ich nicht lange.« 1965, als Barbro zehn Jahre alt war, besuchten die Eltern mit ihr Amsterdam. Barbro wollte das Anne-Frank-Haus besichtigen. Sie widersetzte sich der Absicht ihres Vaters, mit einem Taxi zu dem Haus zu fahren, da sie behauptete, den Weg zu Fuß finden zu können. Tatsächlich führte die Zehnjährige die Eltern auf dem kürzesten Wege zum Anne-Frank-Haus. Zu diesem ersten Besuch berichtete Barbro später folgendes: »Als wir ins Hinterhaus kamen, glaubte ich ohnmächtig zu werden. All die Angst und Verzweiflung, die ich hier früher ausgestanden hatte, kam wieder über mich. Ich konnte nicht länger dort drinnen bleiben, mußte einfach hinaus, sonst hätte ich alles hinausschreien müssen. Ich hatte das bedrückende Gefühl dabei, daß alle um mich herum erkennen müßten, wer ich wirklich war.«

In der Schule fiel Barbro ihrem Lehrer Atle Burman durch ihre frühreifen Bemerkungen und besonders durch ihre ungewöhnliche Begabung zum Schreiben auf. Mit sechs Jahren schrieb sie ihre ersten Gedichte, mit sieben Jahren ihr erstes Buch! So machte Barbro schon bald durch eine Reihe bemerkenswerter Veröffentlichungen als literarisches Wunderkind von sich reden. Hier erinnert man sich unwillkürlich an das Tagebuch der Anne Frank, in dem die fünfzehnjährige Anne so eindringlich ihren Wunsch formulierte, Schriftstellerin zu werden. Sogar die äußere Ähnlichkeit zwischen Anne und Barbro ist überraschend groß.

Obwohl die Diskussion um den Fall Barbro Karlén in Schweden noch keinesfalls beendet ist, sprechen doch die meisten Fakten dafür, daß auch dieser Fall ein echtes Beispiel für eine Erinnerung an ein früheres Leben ist.

Das gründliche Studium all dieser Berichte, von denen die hier zitierten nur einen winzigen Ausschnitt darstellen, ließen aus der Möglichkeit einer Reinkarnation eine Gewißheit werden. Ich sah, daß Zweifel an der Lehre der Wiedergeburt nur aus mangelnder Information entspringen. Je größer jedoch die Gewißheit in mir wurde, desto stärker manifestierte sich auch der Widerspruch zu all meinen bisherigen Ansichten und Kenntnissen.

Wie ließ sich die Erkenntnis der Wiedergeburt in unser heutiges Weltbild einordnen? Ich konnte es drehen, wie ich wollte, die Widersprüchlichkeiten blieben eklatant. Zu diesem Zeitpunkt begann ich, das mir gewohnte, von der Naturwissenschaft geformte Weltbild in Frage zu stellen – ich wollte nicht weiterhin irgend etwas glauben, nur weil es von einigen Autoritäten so gelehrt wurde.

Ich entwickelte mich zum Skeptiker, der nur das glaubt, was er durch eigene Erfahrung zu seinem Wissen gemacht hat. Ich suchte neue Wege und fand dabei sehr alte: Ich lernte die uralten Weisheitslehren des Ostens kennen, drang in Gebiete ein, die man heute als Okkultismus oder Aberglauben zu diffamieren versucht. Unbekannte Welten taten sich vor mir auf. Mit immer größerer Deutlichkeit empfand ich die Diskrepanz zwischen diesem uralten, alles umfassenden Wissen, diesen immensen Kenntnissen von Zusammenhängen und Gesetzmäßigkeiten und unserer materialistischen Schulwissenschaft, die in Wirklichkeit völlig im dunkeln tappt und daher auf jedes zufällig gefundene Körnchen unendlich stolz ist. Bei dieser Beschäftigung kristallisierten sich mit der Zeit einige Schwerpunkte heraus, Gebiete, in die näher einzudringen mir lohnend erschien. In der Psychologie entdeckte ich die Werke von C. G. Jung, dieses grandiosen Denkers, der sein Forschen in den Dienst der Wissenschaft stellte, von ihr aber bis heute nicht begriffen wurde. Daneben spürte ich immer deutlicher die zentrale Bedeutung der Astrologie. Ich versuchte nun auf den verschiedensten Wegen in dieses komplizierte Gebiet vorzustoßen. Die Erfolge blieben mangelhaft, die Verwirrung wurde eher größer, weil es in der Astrologie verschiedene methodische Schulen gibt, deren unterschiedliche Systeme den Anfänger in einige Schwierigkeiten verwickeln. Nach längeren tastenden Versuchen hatte ich dann das große Glück, Schüler eines der bedeutendsten Astrologen unserer Zeit zu werden. Sein Name ist Wolfgang Döbereiner, der in seiner über zwanzigjährigen Tätigkeit als Berufsastrologe die alten astrologischen Überlieferungen in ein neues System gebracht hat, das den Namen »Münchener Rhythmenlehre« trägt. Dieses System unterscheidet sich nicht nur durch sein hohes Niveau von vielen anderen Schulen, sondern vor allem in den folgenden zwei wesentlichen Punkten:

1. Eine sonst unbekannte hierarchische Struktur der Symbole führt zu einer ungeahnten Genauigkeit und Exaktheit der Deutungen.

2. Döbereiner legt Wert auf das Erkennen und Verstehen von inhaltlichen Zusammenhängen und wendet sich hierin bewußt gegen alle rein technischen Systeme, die zwar teils zu ebenfalls recht

genauen Aussagen führen, jedoch nicht mehr den inhaltlichen Zusammenhang deutlich machen können.

Ich erwähne diese Unterschiede schon an dieser Stelle deshalb, um klarzustellen, daß ich mich immer, wenn ich von Astrologie und ihren weltanschaulichen Schlußfolgerungen sprechen werde, hauptsächlich auf diese Rhythmenlehre von Wolfgang Döbereiner beziehe.

Einige Jahre später ereignete sich nochmals ein ähnlich großer Glücksfall: Ich konnte Schüler von Frater Albertus werden, der mich in die Kabbalistik und die praktische, laborantische Alchemie einführte. Frater Albertus, der Gründer der Paracelsus Research Society in Salt Lake City, ist der bedeutendste laborantische Alchemist unserer Zeit.

Meine Bekanntschaft mit diesen Lehrern, verbunden mit eingehenden Studien auf fast allen Gebieten der Esoterik, haben mich in eine Welt geführt, in der alles Glauben und alle Theorien ersetzt werden durch echtes Wissen, Wissen um die Zusammenhänge im Kosmos. Ich möchte versuchen, einen kleinen Einblick in dieses große, den meisten Menschen jedoch fast unbekannte Gebiet der Metaphysik zu geben, und viele an den überraschenden Entdeckungen, die ich in der Zwischenzeit gemacht habe, teilhaben lassen.

Die Entdeckung
der Wirklichkeit

Ich bin Astrologe!

Diese Bemerkung genügt normalerweise, um von Stund an nicht mehr ernst genommen zu werden. Zwar übt die Astrologie auf viele einen gewissen Reiz aus – als Unterhaltung, als amüsanter Aufhänger charakterologischer Plänkeleien –, aber ernst nehmen? Natürlich nicht! Für wen halten Sie mich denn eigentlich? Schließlich stamme ich doch nicht aus dem Mittelalter, ich bin doch aufgeklärt, wissenschaftlich – und überhaupt – was ist Astrologie eigentlich – egal – die ganzen Zeitungshoroskope stimmen meistens nicht, daran glauben höchstens Frauen und sonstige Wirrköpfe.

Ja, was ist Astrologie eigentlich? In zwei Sätzen kann ich diese Frage leider auch nicht zufriedenstellend beantworten. Beginnen wir deshalb erst einmal damit, ihre Arbeitsweise aufzuzeigen: Erforschen wir den Himmel, so können wir die Sonne, acht Planeten (Venus, Mars, Merkur, Jupiter, Saturn, Uranus, Neptun und Pluto) und schließlich den Mond als Trabant der Erde feststellen. Sie alle ziehen ihre Bahn, die die Astronomie mathematisch exakt berechnen kann. Den Hintergrund dieser sich bewegenden Himmelskörper bildet die große Zahl der Fixsterne, die uns aufgrund ihrer enormen Entfernung als unbeweglich erscheinen. Diesen »Himmelsraum« haben die Alten in zwölf gleich große 30°-Abschnitte eingeteilt und jedem Sektor einen eigenen Namen gegeben – die sogenannten Tierkreiszeichen. Durch diese Festsetzung kann man nun zu jedem beliebigen Zeitpunkt den jeweiligen Stand der Planeten exakt benennen. Mache ich ein Horoskop (griech.: Stundenschau), so zeichne ich in einen Kreis, der in zwölf Tierkreiszeichen unterteilt ist, alle Planeten, wie sie zu einem bestimmten Zeitpunkt standen, stehen oder stehen werden, exakt ein. Das Horoskop spiegelt graphisch den Planetenstand (einschließlich Sonne und Mond) zu einem ganz bestimmten Zeit-

101

punkt, z. B. der Geburt eines Kindes, wider. Dieser »Kreis« wird schließlich noch durch zwei Achsen, deren eine den östlichen Horizont (Aszendent), die andere den höchsten Punkt des Himmels (Medium coeli) anzeigt, in 4 Quadranten unterteilt.

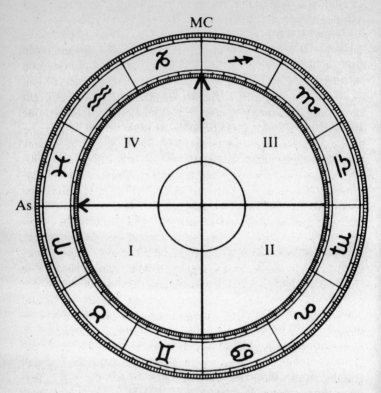

Die beiden Achsen Aszendent (As) und Medium coeli (Mc) teilen den Tierkreis in die vier Quadranten.

Soweit, vereinfacht, die technische Seite eines Horoskops. Diese Arbeit stützt sich auf astronomische Berechnungen und ist auch für jeden Naturwissenschaftler logisch nachvollziehbar. Die Geister scheiden sich erst jetzt, wenn der Astrologe aus dieser graphischen Himmelsabbildung Rückschlüsse auf die Person, die zu diesem Zeitpunkt geboren wurde, auf ihren Charakter, auf ihr Verhalten, ja sogar noch auf ihre ganze Zukunft zieht.

Hier beginnt für viele die Unlogik, ja die Unmöglichkeit, auch nur einen Gedanken an solch einen »Unsinn« zu verschwenden. Schade! Anschließend fällen jedoch dieselben Leute Urteile über Astrologie, schimpfen und diskutieren über eine Sache, von der sie – Gott sei Dank, wie sie meinen! – nicht die geringste Ahnung haben. Aber darf ich mir anmaßen, die Quantenphysik als den größten Blödsinn zu bezeichnen, ohne die geringste Ahnung von Quantenphysik zu haben, nur weil sie mir nicht auf Anhieb einleuchtet oder ich sie nicht in 10 Minuten begreifen kann? Es gilt auf allen wissenschaftlichen Gebieten als Selbstverständlichkeit, daß ich nur dann mitreden und urteilen darf, wenn ich von dem besagten Wissensgebiet etwas verstehe. Nur die Astrologie bildet eine Ausnahme – hier darf jeder mitschimpfen, um damit seine Urteilsfähigkeit zu beweisen. Schließlich ist man ja Mediziner oder Psychologe oder Jurist – genügt das nicht? Muß man vielleicht erst Astrologie lernen, um sagen zu dürfen, daß sie Unsinn ist? Ich möchte noch einmal ganz klar festhalten: Will jemand über Astrologie mitreden, so muß er sich erst einmal die Mühe machen, Astrologie zu erlernen! In der Geschichte der Astrologie gibt es sehr viele Männer, die sie als Gegner erlernten, um *stichhaltig* ihre Unsinnigkeit *beweisen* zu können! Diese Männer wandelten sich nach dem Studium alle zu markanten Verteidigern der Astrologie!

Warum glaubt nun der Astrologe, von bestimmten Gestirnskonstellationen auf reale Gegebenheiten schließen zu können?

Die Astrologie ist sehr alt. Sie entstand zu einer Zeit, in der das Denksystem der Menschen völlig anders war als heute. Wir sind gewohnt, vorauszusetzen, daß alles, was wir heute machen, besser, richtiger und wahrer ist als das, was vor uns gedacht wurde. Dies aber ist ein sehr pauschales Vorurteil. Jede Epoche ist von ihrem Denkstil überzeugt, sonst würde sie ja nicht so denken – doch sagt diese subjektive Überzeugung noch lange nichts über ihren Wahrheitsgehalt aus. Was vor zehn Jahren in der Wissenschaft als »wahr« galt, kann heute längst überholt sein – jedoch heißt das nicht zwangsläufig, daß das, was vor tausend Jahren galt, ebenfalls überholt sein muß, nur weil es eben so lange her ist. Halten wir also

103

die Möglichkeit offen, daß vergangene Kulturen auf bestimmten Gebieten der Realität eventuell näher waren und mehr wußten als wir. Ein Kabarettist sagte einmal: »Die alten Griechen hatten Geist, aber kein Benzin – wir haben Benzin...« (Wie lange noch wenigstens Benzin?)

Diese alten Kulturen erlebten und empfanden die Welt als »Kosmos«, als etwas Geordnetes, in dem jede Erscheinung einen bestimmten »Sinn« hatte, da sie der Gesetzmäßigkeit des Kosmos unterstand. Die Weisen wollten diese Gesetzmäßigkeit kennenlernen – sie beobachteten die Natur, verglichen die Erscheinungsformen und erkannten Zusammenhänge, die bei näherer Betrachtung offenbarten, daß alle Erscheinungsformen im Kosmos den gleichen Gesetzen unterliegen und daher analog reagieren. Diese Erkenntnis konzentriert sich in dem berühmten Satz des Hermes Trismegistos: »Wie oben, so unten.« (Tabula Smaragdina Hermetis) Dieser Satz, der noch heute der Schlüsselsatz der Esoterik ist, besagt, daß es universale Gesetze gibt, die die Erscheinungsformen auf allen Ebenen durchdringen.

Dieser Denkstil ist kausal, jedoch umfaßt diese Kausalität einen wesentlich größeren Wirklichkeitsraum als unser heutiger, wissenschaftlicher Kausalitätsbegriff. C. G. Jung formuliert das Synchronizitätsprinzip als Erklärungsmodell für »akausale« Zusammenhänge. Warum aber sprach er von »akausalen« Zusammenhängen? Die Zusammenhänge sind kausal, wenn ich die Gesetze kenne, denen sie unterstehen. Unserem modernen, wissenschaftlichen, aber leider unwissenden Geist erscheinen sie akausal. Doch gerade die Kausalität ist die Grundlage für die Möglichkeit, die Erscheinungen der Wirklichkeit im Horoskop mit mathematischen Gesetzen zu berechnen und vorherzusagen.

Wir sehen also: Der Streit um die Astrologie entspringt der Verschiedenheit zweier Denksysteme, der kosmologischen, die an den Zusammenhang aller Erscheinungen im Kosmos glaubt, und der naturwissenschaftlichen, die sich auf die funktionale Erklärung der materiellen Wirklichkeit beschränkt. Der Unterschied dieser beiden Denkformen erschöpft sich jedoch nicht auf der

Ebene philosophischer Theorienbildung, sondern hat so weitreichende praktische Konsequenzen, daß jeder ernsthaft prüfen sollte, auf welcher Seite mehr »Wahrheit« liegt.

Beginnen wir mit dem naturwissenschaftlichen Denken. Seine Berechtigung scheint außer allem Zweifel zu stehen, wenn wir die enormen Leistungen und Erfolge der letzten hundert Jahre überblicken. Analysieren wir jedoch diese Errungenschaften etwas genauer, so entdecken wir zwei wesentliche Merkmale dieser technisch-wissenschaftlichen Entwicklung:

1. Die Fortschritte beschränken sich ausschließlich auf die materielle Ebene, ein Umstand, der fast niemanden stört, nachdem man uns klargemacht hat, daß es außer Materie nichts gibt.

2. Es wird immer deutlicher, daß jede neue Entwicklung nach einigen Jahren unerwünschte Konsequenzen nach sich zieht, die mit neuen Maßnahmen bekämpft werden müssen, welche wiederum unliebsame Folgen entstehen lassen und so diesen Teufelskreis ständig in Bewegung halten.

Auf beide Punkte werde ich in einem späteren Kapitel noch ausführlich zu sprechen kommen.

An dieser Stelle wollen wir zunächst noch die andere Denkrichtung prüfen, die uns weit weniger geläufig, ja den meisten Menschen derartig fremd ist, daß ihnen ein objektiver Vergleich unmöglich ist. Untersuchen wir diesen »zweiten Denkstil« exemplarisch an der Astrologie. Wo sind die Erfolge, wo die Möglichkeiten, und, vor allem, gibt es Beweise? Obwohl diese Fragen typisch für das naturwissenschaftliche Denken sind und deswegen nicht unbedingt auf ein anderes Gebiet anwendbar sein müssen, so gibt es dennoch genügend Beweismöglichkeiten, die auch einen objektiven naturwissenschaftlichen Geist befriedigen müßten. Hier einige Beispiele:

1. Meßbare Auswirkungen der Mondrhythmen: Dr. med. et phil. Heinrich Guthmann veröffentlichte bereits 1936 in der »Medizinischen Welt« Ergebnisse über die Auswirkung des Mondeinflusses auf das Gebiet der Frauenheilkunde. So fand er z. B. eine fast hundertprozentige Steigerung der menstruierenden Frauen zu Vollmond und Neumond. Die Statistik zeigt, daß bei 10 393 untersuchten Fällen der tägliche Durchschnitt bei dreihundertfünfzig

liegt, der vor Neumond oder Vollmond auf zweihundertfünfzig bis dreihundert Fälle sinkt und bei Neu- und Vollmond auf rund fünfhundertfünfzig emporschnellt.

2. Dr. med. Hilmer Heckert untersuchte die »Lunationsrhythmen des menschlichen Organismus« (1961) und stellte eine Abhängigkeit zwischen Geburtenhäufigkeit und Mondphasen fest. Und zwar steigen in der *zunehmenden* Phase des Mondes die Knabengeburten an, und die Mädchengeburten fallen, während bei der abnehmenden Mondphase die Knabengeburten abnehmen und die Mädchengeburten zunehmen, d. h. Knaben- und Mädchengeburten zeigen eine polarisch verlaufende, 29,5tägige, mit dem synodischen Mondlauf zusammenhängende Periode. Außerdem wies Dr. Heckert einen lunaren Rhythmus in der Harnsäureausscheidung des Menschen nach.

3. Dr. E. J. Andrews (1960) stellte anhand von tausend Mandeloperationen fest, daß sich 82% der Blutstürze um die Vollmondzeit ergaben.

4. Der tschechoslowakische Frauenarzt Dr. med. E. Jonas entwickelte eine Methode anhand eines spezifischen Mondrhythmus, der vom Geburtsdatum der Frau abhängig ist, die fruchtbaren und unfruchtbaren Tage der Frau und außerdem die Tage, an denen eine Befruchtung zu einer Knaben- oder Mädchengeburt führt, zu berechnen. Seine Methode, die inzwischen an weit über fünfzigtausend Frauen erprobt und kontrolliert wurde, arbeitet mit einer 98prozentigen Genauigkeit.

5. Das Institut Hiscia des Vereins für Krebsforschung hat seit zwölf Jahren täglich die Mistel um acht Uhr morgens (und teilweise noch mehrmals am Tage) gepflückt und den Mistelsaft einer jeden Pflückung einer Anzahl verschiedener Untersuchungen unterzogen. Dieses Institut verfügt heute über ein lückenloses Untersuchungsmaterial von über siebzigtausend Einzelversuchen, aus denen die Veränderung des in der Pflanze zirkulierenden Saftes sichtbar wurde. Als wertvollste Untersuchungsmethode kristallisierte sich die Kapillar-Dynamolyse nach L. Kolisko heraus, die es ermöglicht, die Gestaltungskräfte eines Pflanzensaftes in den sogenannten Steigbildern sichtbar zu machen. Die statistische Auswertung dieser Versuche ergab folgende Ergebnisse:

a) die Gestaltungskräfte einer Pflanze sind von der Uhrzeit des Pflückens abhängig;

b) deutliche Veränderungen in der Gestaltungskraft der Pflanzensäfte laufen mit deutlichen Stellungen des Mondes parallel. (Es handelt sich hier um die verschiedenen Phasen eines Mondknotenumlaufs.)

Nach diesen positiven Erfolgen wurden in dieser Forschungsarbeit auch noch weitere Planeten und ihre Winkelbeziehungen zueinander (astrologisch: Aspekte genannt) mit einbezogen, deren Wirksamkeit ebenfalls experimentell gesichert werden konnte.

(Literatur: Agnes Fyfe, die Signatur des Mondes im Pflanzenreich und die Signatur des Merkurs im Pflanzenreich, 1967.)

6. Die Auswirkung von Planetenbildern und des Aszendenten: Dipl.-Ing. Hermann Jaeger untersuchte dreißig Jahre lang die Abhängigkeit des Pflanzenwachstums von der Planetenkonstellation zum Zeitpunkt der Aussaat und konnte die alten astrologischen Behauptungen experimentell bestätigen. (Die Ergebnisse finden sich in der Zeitschrift »Kosmobiologie«, Januar 1957.)

Freiherr A. von Herzeele, ein Privatgelehrter aus Hannover, veröffentlichte 1876–1883 einige Schriften, in denen er anhand von mehr als 500 Analysen nachweist, daß der Mineralgehalt von Pflanzensamen (Magnesium, Phosphor, Kali, Kalzium und Schwefel) beim Keimen in destilliertem Wasser ansteigt. Entsprechend dem Gesetz von der Erhaltung des Stoffes sollte jedoch erwartet werden, daß die im destillierten Wasser wachsenden Pflanzen denselben Mineralgehalt aufweisen müßten wie die Samen, aus denen sie wachsen. Herzeele zeigt jedoch in seinen Analysen, daß sowohl der Aschgehalt als auch die einzelnen Bestandteile der Asche zunahmen. Diese Experimente zeigen also, daß die lebenden Pflanzen in der Lage sind, Materie zu bilden. Herzeele formuliert dies in dem Satz: »Nicht der Boden bringt die Pflanzen hervor, sondern die Pflanze den Boden!« Der Philosoph Preuß schrieb in seiner Abhandlung »Geist und Stoff« (1899): »Mit seinen Versuchen hat von Herzeele den Beweis handgreiflich geliefert, daß die Unveränderlichkeit der chemischen Elemente eine Fiktion ist, von der wir uns schleunigst losmachen müssen, wenn wir in der Erkenntnis der Natur vorwärts wollen.« Leider wurden die Entdeckungen Herzeeles zur damaligen Zeit totgeschwiegen und gerieten so in völlige Vergessenheit, bis sie in unserer Zeit von Dr. Rudolf Hauschka, dem Gründer des Wala-Heilmittellaboratoriums, wiederentdeckt wurden. Dr. Hauschka kontrollierte nun in eigenen jahrelangen Experimentalserien die Behauptungen Herzeeles nach, wobei er die Bedingungen der Versuchsanordnungen verfeinerte und die modernsten Hilfsmittel benutzte. Die Keimversuche Dr. Hauschkas wurden in zugeschmolzenen Ampullen ausgeführt, in die kein stoffliches Agens eindringen oder aus ihnen entweichen konnte. Diese Ampullen wurden auf einer Analysewaage mit 0,01 mg Empfindlichkeit beobachtet. Denn wenn es wahr ist, daß die lebende Pflanze Materie bildet, so müßte schließlich die Ampulle mit den Keimlingen schwerer werden, da Materie Gewicht hat. Die Wägung ergab tatsächlich ein Zunehmen, aber auch ein Abnehmen der Gewichte (die Größenordnung liegt um ein Vielfaches jenseits der Fehlergrenze!).

Die graphische Darstellung der Zunahme und Abnahme der Gewichte – als Ausdruck des Entstehens und Vergehens der Substanz – in Kurvenform und der Vergleich dieser über Jahre hinweg gewonnenen Kurven enthüllte folgende, in unserem Zusammenhang wichtige Tatsache: Das Entstehen und Vergehen der Substanz erwies sich in rhythmischem Verlauf als Funktion der Zeit. So ergab sich, daß die Gewichtszunahme in einer Vollmondperiode verläuft, während die Gewichtsabnahme in einer Neumondperiode abläuft. Die genaue Auswertung der Kurven eines ganzen Jahres zeigt überdies, daß diesen Mondrhythmen der Sonnenrhythmus übergeordnet ist.

Diese Experimente beweisen nicht nur die Abhängigkeit der Lebewesen von den kosmischen Rhythmen, sondern zeigen vor allem, daß wir »die jetzige Daseinsform des Stoffes weder in die Unendlichkeit der Vergangenheit und der Zukunft noch in die Unendlichkeit des Raumes hineinprojizieren dürfen. Wir haben vielmehr allen Grund anzunehmen, daß die Materie erst als Niederschlag des Lebens entstanden ist. Scheint es nicht notwendig, dem Dogma von der Präexistenz der Materie endlich die Idee von der Präexistenz des Geistes entgegenzusetzen?« (Dr. R. Hauschka)

Diese Beispiele zeigen, daß die Astrologie auch einer Prüfung mit wissenschaftlichen Methoden standhält, wenn man sich die Mühe macht, sie als Forschungsobjekt ernst zu nehmen. Doch gerade diese wissenschaftliche Überprüfung halte ich für sehr gefährlich, ja, ich habe sogar Angst vor ihr. Und zwar deshalb, weil durch solche Experimente wiederum nur funktionale Zusammenhänge erfaßt und formuliert werden, das Denksystem jedoch, von dem wir sprachen, nicht geändert wird. Eine solche Entwicklung müßte nach sich ziehen, daß man wieder mit Dingen arbeitet, die man nicht begriffen hat. Aber gerade auf das Begreifen von Zusammenhängen kommt es an. Denn was nützt es mir, zu wissen, daß bei einer bestimmten Gestirnskonstellation dieses oder jenes Ereignis eintritt, wenn ich nicht weiß, warum? Dies ist der Grund, warum ich nicht davon träume, daß eines Tages die Astrologie oder eine andere heute noch als okkult geltende Disziplin von der Schulwissenschaft anerkannt und an Universitäten gelehrt wird.

Zu welchen Ergebnissen solche Anerkennungen führen, können wir heute beispielhaft an der Akupunktur verfolgen. Seit fünftausend Jahren gibt es Akupunktur. Unsere westliche Wissenschaft hat ihre Existenz die längste Zeit durch Ignoranz totgeschwiegen und ihre Verfechter, teils Ärzte, teils Heilpraktiker, aufs heftigste bekämpft und vor Gericht gebracht. Als nun etwa vor einem Jahr durch Zufall chinesische Filme von schmerzlosen Operationen durch Akupunktur im Westen gezeigt wurden, beugte man sich dem Druck der Tatsachen, indem man lautstark sein Interesse für diese »neue« Methode bekundete und mit der »wissenschaftlichen Erforschung der Akupunktur« begann. Auf einmal war es ein Verdienst der Naturwissenschaft, die Akupunktur entdeckt zu haben. Man begann, zu messen und zu forschen, konstruierte elektrische Vibrationsapparate – nur: Die praktischen Erfolge blieben spärlich. Warum? Man hat es nicht für nötig befunden, eine Heilmethode, die untrennbar in der östlichen Philosophie verwurzelt ist und nur aus diesem Denken heraus begriffen und beherrscht werden kann, geistig nachzuvollziehen. Auch hier blieb man innerhalb der Funktionalität stecken. Es käme einer Katastrophe gleich, geschähe das gleiche mit der Astrologie!

Der Weg zur Astrologie führt nicht über den statistischen Beweis einzelner Behauptungen und Zusammenhänge, sondern nur über die Mühe, Astrologie selbst zu erlernen. Die Belohnung für diese Mühe läßt sich allerdings mit keinem noch so hundertprozentigen wissenschaftlichen Beweis vergleichen: Man erlebt die »Wahrheit« der Astrologie und ihre Möglichkeiten in solch einer Fülle und Direktheit, daß jeder Zweifel wie Hohn in den Ohren klingt. Auf diesem Wege lernt der Schüler Schritt für Schritt Zusammenhänge erkennen, die als Erkenntnis allem Glauben und Zweifel meilenweit überlegen sind. Dieses direkte Verstehen, diese ständigen Aha-Erlebnisse können durch keine Diskussionen, Theorien oder statistische Untersuchungen, aber natürlich auch nicht durch meine nachfolgenden Versuche, mit der Astrologie und ihren Folgen für unser Denken bekanntzumachen, ersetzt werden. Das Folgende soll daher lediglich als Anreiz, als Einladung dienen, sich selbst zu überzeugen – denn: Was man weiß, braucht man nicht zu glauben...

Die Astrologie arbeitet ausschließlich mit Symbolen. Leider ist unserer heutigen Zeit das Verständnis für Symbole fast völlig verlorengegangen. Doch »das Symbol ist die Sprache der Seele«. Die Tiefenpsychologie mußte erkennen, daß allein das Symbol den Zugang zum psychologischen Verstehen öffnet. Es ist eigenartig: Je mehr man sich der Wirklichkeit zu nähern versucht, desto mehr ist man auf das Symbol angewiesen. Die gesamte Mathematik ist eine Symbolsprache. Das Symbol ist die einzige Brücke von unserem kleinen, rationalen Oberbewußtsein zu den unendlichen Welten des uns Unbewußten und Unbekannten.

Die Astrologie erhebt für sich den Anspruch, durch ihre Symbole die Gesamtwirklichkeit erfassen und abbilden zu können. Hier liegt gleichzeitig die Quelle häufiger Mißverständnisse: Man unterstellt vielfach der Astrologie, sie glaube an irgendwelche mysteriösen physikalischen Einwirkungen der Planeten auf den Menschen.

Das ist falsch. Die Astrologie ist ein Abbildungssystem der Wirklichkeit. Denn wenn ich von der Grunderkenntnis ausgehe, daß der gesamte Kosmos den gleichen Ordnungsprinzipien unterliegt und den gleichen Gesetzen gehorcht, so muß es möglich sein,

ein beliebiges geschlossenes System zu betrachten und aus dessen Verhalten auf ein anderes System zu schließen: »Wie oben, so unten.« So symbolisierten jeder Planet und jedes Tierkreiszeichen einen ganz bestimmten Bereich der Wirklichkeit.

Erstelle ich ein Horoskop, z. B. auf die Geburtsminute eines Menschen, so erhalte ich eine kreisförmige Zeichnung, die eine ganz individuelle Kombination aller Symbole darstellt. Spezifisch für diese Person ist nur die Anordnung der Symbole. Die Symbole selbst finden sich in jedem anderen Horoskop in derselben Anzahl. Mit anderen Worten: Die Kreisförmigkeit des Horoskopes zeigt schon an, daß es sich um etwas Vollständiges handelt, denn sie enthält alle Bereiche der Wirklichkeit. Diese Vollständigkeit, diese Ganzheit ist aber das Ziel und es zu erreichen die Lebensaufgabe des Betreffenden. Denn nur ein Teil dieser »Bausteine der Wirklichkeit« wurde ihm als Anlage in die Wiege gelegt, den noch fehlenden Teil muß er erst noch durch ein tätiges Leben erringen, um die konzipierte Ganzheit zu erreichen.

Leben ist das Streben nach eigener Ganzheit, nach Vollkommenheit in des Wortes eigentlicher Bedeutung. Das Horoskop zeigt mit exakter Genauigkeit die Verteilung dieser »Wirklichkeitsbausteine« an; es zeigt, welche als Besitz mit auf die Welt gebracht wurden und welche noch durch Handeln errungen werden müssen, und schließlich zeigt es sogar noch die Art und Weise dieses Handelns an. In einem solchen Horoskop sind Ausgangspunkt und Finalität eines Lebens vereint. Doch wo zwei extreme Pole vereint sind, muß eine große Spannung herrschen. Diese Spannung ist das Leben. Der Trieb zum Handeln ist das, was unser Menschsein ausmacht. Ich nenne deshalb das Horoskop auch oft »Lebensformel«, denn ähnlich, wie eine mathematische Formel eine rational kaum mehr faßbare Wirklichkeit ausdrückt, so enthält auch ein Horoskop die unbeschreibliche Fülle eines Menschenlebens, konzentriert in die Prägnanz einiger weniger Symbole.

In einem Horoskop, in dieser Lebensformel, ist nicht nur der Charakter eines Menschen erkennbar, sondern auch sein ganzer Lebensweg, alle auch noch so zufällig erscheinenden Ereignisse sind sichtbar.

Wer Astrologie betreibt, weiß: Es gibt keinen Zufall! Diese Tatsache wäre eigentlich so einleuchtend, hätte uns nicht die Wissenschaft so lange hindurch das Gegenteil eingeredet. Die Logik fordert jedoch die Entscheidung: Entweder glaube ich an einen Kosmos (griech.: das Geordnete) oder an ein Chaos. Die Beobachtung lehrt uns, daß wir nicht in einer chaotischen Welt leben, denn wir kennen Gesetze, deren Zuverlässigkeit und Gültigkeit sich sehr weit zurückverfolgen lassen. Wäre unsere Welt ein Chaos, so wäre es höchst unwahrscheinlich, daß Gegenstände immer nach unten fallen, bestimmte Tiere und Pflanzen dieselben Merkmale aufweisen, Sonne, Mond und Sterne berechenbare Bahnen ziehen usw. Entscheiden wir uns für den Kosmos, dann müssen wir konsequent weiterdenken. Wie lange könnte sich dieser Kosmos als solcher erhalten, wenn in ihm ein Platz für Zufälligkeiten existieren würde? Die geringste Anhäufung von Zufälligkeiten würde den Kosmos in ein Chaos verwandeln. Unsere gewohnte Vorstellung von einem Kosmos mit Zufallsmöglichkeiten ist also logisch unhaltbar. Überdies kann die Astrologie auf allen Gebieten beweisen, daß alle »Zufälligkeiten« berechenbar sind und deshalb nicht diesen Namen verdienen.

Hier muß ich wohl erwähnen, daß die Anwendung der Astrologie nicht auf den Menschen beschränkt ist, sondern auf alle beliebigen Bereiche angewendet werden kann, so zum Beispiel auf Verträge, Häuser, Autos, Katastrophen, Länder, Städte, Politik, Wirtschaft, Pflanzen, Wetter usw. Wen dies erstaunt, der erinnere sich bitte daran, daß die Astrologie ein Abbildungssystem der Wirklichkeit ist und daher auf alle Bereiche der Wirklichkeit bezogen werden kann.

Wenn es keinen Zufall gibt, so muß es Gesetzmäßigkeiten geben, denen die Ereignisse gehorchen. Eines der wichtigsten dieser Gesetze ist das Gesetz von Inhalt und Form. Es besagt, daß zu jeder Form ein Inhalt gehören muß oder, anders gefaßt: daß jeder Form ein Inhalt zugrunde liegen muß.

An ein paar Beispielen läßt sich dieser Satz am schnellsten veranschaulichen: Wenn ich krank werde, ist das eine Form, in der sich mein Schicksal äußert. Dieser Form muß jedoch ein Inhalt zugrunde liegen. Ich kann nicht krank werden, weil vielleicht zufällig ein paar Bakterien herumschwirren. Das formale Ereignis einer Krankheit muß eine inhaltliche Ursache haben, die in mir selbst, in meinem Verhalten liegt.

Noch ein Beispiel: Ich gerate in eine Situation, in der meine Existenzmöglichkeiten in Frage gestellt werden: Meine Ehe bricht auseinander, ich verliere meine Stellung, meine Wohnung, werde krank. Schlagartig wandelt sich mein bisher gesichertes und geordnetes Leben in ein Chaos von Auflösung und Ungewißheit. Solche Ereignisse, die übrigens in der geschilderten Form gar nicht selten sind, werden von den meisten Menschen als ungerechte, von außen kommende, zufällige Schicksalsschläge angesehen. Doch das Gesetz von Inhalt und Form besagt: Es gibt keinen Zufall, der von außen in dein Leben eindringt. Die Inhalte für das, was du erlebst, hast du selbst gesetzt. Das Schicksal, das du erlebst, ist weder zufällig noch numinos, sondern das Ergebnis deines eigenen Handelns.

Was wären demnach wohl die Inhalte für die oben entworfenen formalen Ereignisse? Auflösungsereignisse in dieser Massierung werden nur dann einem Menschen widerfahren, wenn er in seinem bisherigen Leben zu stark nach Ordnung, Abgrenzung, Rationalität, Verwurzelung und Konzentrierung strebte. Ein solches Leben vernachlässigt einen Teil der Wirklichkeit, denn die Wirklichkeit ist immer zweipolig: Es gibt nicht nur Ordnung, sondern auch Chaos, nicht nur Rationalität, sondern auch Irrationalität. Verwirklicht aber ein Mensch nur ein Extrem der Wirklichkeit, wie z. B. Ordnung und Rationalität, so wird er eines Tages mit der Fülle des entsprechenden Gegenpols gewaltsam konfrontiert werden. Die Ordnung bricht unter dem Druck der Ereignisse zusammen, der Betroffene erlebt den bislang so sorgsam gemiedenen Zustand des Chaotischen nun mit derselben Ausschließlichkeit, mit der er bis dahin den Gegenpol verwirklicht hat.

Das Wissen um diese Gesetzmäßigkeit hat für unser Denken weitreichende Folgen. Es ist heute üblich, das Schicksal nach außen zu projizieren und es als etwas Fremdes (und meist Unwillkommenes) zu erleben. Den Menschen unserer Zeit fehlt die Rückkopplung zu ihren eigenen Inhalten. Deshalb sind sie auch nicht bereit, die Eigenverantwortung für ihr Schicksal anzuerkennen. Die Schuld für alle Ereignisse wird der Außenwelt zugeschoben: Der Staat, die Kirche, die Gesellschaft, die böse Schwiegermutter, die schlechten Eltern – alles nur Erdenkliche muß als Verschulder des Schicksals herhalten, nur man selbst kann nichts dazu! Nachdem man die Schuld nach außen verlagert hat, fordert man folgerichtig die Gestaltung des eigenen Schicksals von der Umwelt. Der Staat soll dafür sorgen, daß...

Man schließt für alle Eventualitäten Versicherungen ab, man versucht, auf alle nur erdenkliche Art und Weise die »Willkür« des Schicksals durch funktionale Maßnahmen zu regulieren. Welch ein Irrweg! Welch eine Verkennung der Wirklichkeit! Jeder einzelne ist ganz allein Produzent seines Schicksals, er hat es in der Hand, es zu gestalten, indem er die Inhalte setzt, dessen Formen er bereit ist zu ernten. Er muß wieder eine Beziehung, ein Verhältnis zu seinem Schicksal finden. Ereignisse, die er früher rein negativ empfand, bekommen eine ganz andere Färbung, wenn er sie als Resultat seines Verhaltens verstehen und ihren Sinn erkennen lernt.

Ich weiß, daß ich mit diesen Ausführungen nicht Begeisterung hervorrufe, denn der Mensch ist nicht mehr bereit, Verantwortung zu übernehmen. Es ist viel bequemer, anderen die Schuld zuzuschieben und auf das böse Schicksal zu schimpfen.

Doch wem es nicht um Bequemlichkeit geht, sondern darum, das eigene Leben harmonisch zu gestalten, der kommt an diesen Tatsachen nicht vorbei. Um das Gesagte noch deutlicher zu machen, möchte ich noch an einigen Extremfällen aufzeigen, zu welchen Konsequenzen die Eigenverantwortlichkeit des Schicksals führt:

Ein Familienvater wird von einem betrunkenen Autofahrer angefahren und bleibt für den Rest seines Lebens gelähmt. Unsere gewohnte Reaktion: tiefes Mitleid mit dem harten Schicksal des gelähmten Familienvaters, Wut und Abscheu vor der Verantwortungslosigkeit des betrunkenen Autofahrers. Die Wirklichkeit ist anders. Der Unfall und dessen Folgen sind das Schicksal des Familienvaters, für das er allein die Verantwortung trägt. Deshalb ist dieser Unfall auch in seinem Horoskop sichtbar. Die inhaltliche Konstellation dieses Horoskopes mußte sich ihre formale Verwirklichung zwangsläufig in der Umwelt holen – in diesem Fall über die Unachtsamkeit eines Betrunkenen. Die Art der Verwirklichung ist jedoch sekundär, entscheidend ist die unbewußte Bereitschaft.

Schließlich kann sich eine astrologische Konstellation nicht anders in Realität umsetzen als über das Medium Umwelt. Zwar kann man noch recht häufig aus dem Munde von vielen Astrologen hören, daß Charakter und Schicksal eines Menschen von verschiedenen Einflüssen abhängen, von denen der kosmische Einfluß lediglich ein Aspekt wäre, neben dem vor allem Umwelt, Milieu und Erziehung wesentliche Rollen spielten. Mag auch diese Version die Anbiederung an die Gegner der Astrologie etwas erleichtern: Sie stimmt nicht. Wie stellt man sich wohl diese »kosmischen« Einflüsse vor, die neben den Umwelteinflüssen wirksam sind? Da müßte man schon an Engel glauben, die an unsichtbaren Fäden den Menschen wie Marionetten ab und zu mal zupfen. Auf solche theoretischen Schwierigkeiten stößt man, wenn man die »kosmischen Einflüsse« zu wörtlich nimmt.

Ich wiederhole nochmals: Astrologie ist ein Abbildungssystem der Wirklichkeit! Eine Unfallkonstellation spielt sich ja nicht irgendwo in luftleeren Räumen ab, sondern braucht für ihre Verwirklichung eine Menge Material aus der Umwelt, angefangen vom Auto bis zum unachtsamen Fahrer. Umwelt ist nicht ein zweiter Faktor neben den astrologischen Einflüssen, sondern das Medium, über das sich Schicksal in die Wirklichkeit umsetzen kann. Alle Versuche, die Lösung rätselhafter Ereignisse und Schicksalsentwicklungen in gesellschaftlichen oder familiären Zusammenhängen zu finden, führen daher nie zu einem endgültigen Ziel. Das einzige, was man selbstverständlich immer findet, sind sekundäre Zusammenhänge oder, wissenschaftlicher formuliert, »Korrelationen«. Jedoch sagt der Nachweis über das gemeinsame Auftreten von zwei Faktoren noch lange nichts über ihre gemeinsame Ursächlichkeit aus. Dieser Gedankengang wird uns später bei der Beurteilung der heutigen Wissenschaft noch einmal begegnen.

Vorerst will ich lediglich herausstellen, daß es keine zufälligen Ereignisse gibt, sondern daß der Mensch sich selbst durch unbewußte Ereigniswünsche in entsprechende Situationen begibt, die geeignet sind, die Schicksalstendenzen in Realität umzusetzen. So kann z. B. ein Mörder nicht irgendein »zufälliges« Opfer ermorden, sondern kann seine Tat ausschließlich nur an einem Menschen begehen, der inhaltlich für ein solches Ereignis die Bereitschaft mitbringt. Ich weiß: Das klingt ungewohnt. Doch bevor wir aus »Gewohnheit« ein Urteil fällen, sollten wir bedenken, daß es auch einmal sehr ungewohnt klang, daß die Erde sich um die Sonne bewegt – und sie bewegt sich doch!

Zurück zu unserem Extrembeispiel: Um nicht mißverstanden zu werden, sei betont, daß diese Betrachtungsweise den Mord keineswegs legalisiert, sondern lediglich die Akzente verschiebt. Was das Opfer betrifft, so ist, sub specie aeternitatis betrachtet, »alles in Ordnung«; es suchte eine Todessituation und fand sie, indem es einen anderen Menschen zur Schicksalsverwirklichung benutzte.

Dieser andere Mensch, der Mörder, hat mit der Tat seinem Opfer »einen Gefallen erwiesen«, woraus aber nicht folgt, daß diese Tat als solche richtig war. Denn der Mörder hat mit seiner Tat für sein Schicksal einen Inhalt gesetzt, dessen formale Folgen zum Beispiel er selbst einlösen muß. Das ist jedoch sein ureigenstes Problem, bestimmt nicht das der anderen, die lautstark nach Rache und Verurteilung schreien. Sperrt man einen Mörder ein, dann eigentlich deswegen, um ihn vor seinen eigenen Taten zu schützen – das ist noch sinnvoll. Tut man es jedoch darum, um »unschuldige« Menschen davor zu schützen, sein Opfer zu werden, dann wird aus Sinn Unsinn.

Dieses Beispiel eröffnet aber noch einen weiteren Zusammenhang: Jeder gebraucht zur Verwirklichung seines eigenen Schicksals fast immer andere Menschen, denen er meist, statt dankbar zu sein, Schuld zuschiebt. Wir entdecken hier die ungeheure Verflechtung der Individuen miteinander, die, ähnlich wie chemische Elemente, ständig mit ganz bestimmten »Bindungswertigkeiten« herumlaufen und andere für sie geeignete Wertigkeiten suchen, um mit ihnen in Reaktion treten zu können. Trotz dieser Verwobenheit der Schicksale dürfen wir dennoch nicht übersehen: Für jedes Ereignis, und seien auch noch so viele Menschen daran beteiligt, trägt jeder für seine spezielle Erlebnisform des Ereignisses einzig und allein selbst die Verantwortung. Wenn es jedoch keinen

Zufall gibt, dann ist das Leben des Menschen völlig determiniert. Hier stoßen wir auf das zentrale Problem der Willensfreiheit!

Denn uns interessiert doch jetzt: Was ist mit dem so viel gepriesenen, vieldiskutierten und subjektiv jedem spürbaren »freien Willen«? Nun, wir haben ihn, den freien Willen. Er existiert, nur auf einer ganz anderen Ebene, als er gemeinhin vermutet wird. Wir können mit unserem Willen zwar nicht darüber entscheiden, ob jeder seine Konstellation erfüllt oder nicht, aber jeder kann damit die Ebene der Verwirklichung wählen. Zum Beispiel die großen Kategorien bewußt/unbewußt, aktiv/passiv, psychisch oder somatisch. Konkret heißt das, Sie können entweder ein ganz bestimmtes Thema des Menschseins Tag für Tag ausleben oder aber auch nicht und damit gerade dieses »Thema« ins Unbewußte verdrängen, wo es dann zu einer selbständigen Einheit, zu einem autonomen Komplex heranreift, um zu einem ganz bestimmten Zeitpunkt an die Oberfläche durchzubrechen und schlagartig seine Existenzberechtigung zu beweisen. Dann redet man gemeinhin vom »Schicksalsschlag« und projiziert dieses – meistens unwillkommene – Schicksal nach außen: Alles mögliche ist dann schuld daran, daß mir gerade das passiert – ich selbst kann natürlich nichts dazu!

Hier wird nun auch die Aufgabe und Sinnhaftigkeit der Astrologie klar: Wozu Astrologie, wenn ohnedies alles so kommt, wie es kommen muß; wenn man doch nichts ändern kann?

Die Astrologie ist ein Mittel zur Selbsterkenntnis. Bestimmt nicht das einzige, aber ganz bestimmt eines der besten! Nicht umsonst begannen alle wahren Weisheitslehren der Menschheit seit eh und je mit der obersten und wichtigsten Forderung: »Erkenne dich selbst!« Diese Selbsterkenntnis als Voraussetzung der Selbstverwirklichung – das ist es, was Astrologie bieten kann und soll! Erst wenn ich meine Anlagen, Verwirklichungsmöglichkeiten und die Finalität meines Lebens kenne und verstanden habe, ist für mich der Weg frei für ein gesundes, unneurotisches, harmonisches Leben, frei zu wahrer Selbstverwirklichung. Erst wenn ich meine Unfreiheit erkannt und akzeptiert habe, beginnt meine Freiheit.

Ich weiß: Das klingt paradox, aber Wahrheit präsentiert sich immer paradox, weil Wahrheit immer zwei Pole der Wirklichkeit vereinen muß. Erst wenn ich die Gesetzmäßigkeiten, denen ich unterliege, als solche erkannt habe, bin ich ihrer Willkür nicht mehr ausgeliefert. In der Physik ist diese Erkenntnis eine Selbstverständlichkeit – warum soll es beim Schicksal anders sein?

Was geschieht in der Psychoanalyse? Der Therapeut versucht, den Patienten durch seine Führung zur Selbsterkenntnis zu leiten – ein mühsamer und langer Weg, besonders, wenn man so viele vergangene Jahre nachträglich aufräumen muß. Aber noch ein anderer wesentlicher Faktor erschwert diese Arbeit: Der Führer, der Analytiker, weiß leider nicht, wie diese Selbsterkenntnis aussieht, da er die Struktur seines Patienten auch nicht kennt – er muß sich genauso behutsam wie der Patient vorantasten und muß – trotz aller Fachkenntnisse – auch sehr viele Irr- und Umwege mitgehen, bis beide – wenn überhaupt – das Ziel erreichen.

Die grandiose Überlegenheit der Astrologie hingegen ermöglicht es, zielsicher den Suchenden zu sich selbst zu führen, die Struktur der Symbole, wie er sie in dieser Kombination als Individuum ganz allein besitzt, begreifbar zu machen. Auch diese Prozedur soll und muß behutsam geschehen, braucht ihre Zeit – aber verglichen mit der Psychoanalyse ein »königlicher« Weg!

Karma und Reinkarnation

»Der Moment des Todes ist der, wo die Seele die regierende Zentralkraft entläßt, aber nur, um wieder neue Verhältnisse einzugehen, weil sie von Natur unvergänglich ist.«

Goethe

Es gibt keinen Zufall! Der gesamte Lebenslauf eines Menschen ist aus dem Horoskop ersichtlich, dem Abbild der Gestirnskonstellation in der Minute der Geburt. Mein ganzes Leben hängt von dem Zeitpunkt der Geburt ab. Wäre ich also »zufällig« ein paar Stunden früher oder später geboren, wäre ich ein ganz anderer Mensch mit einem ganz anderen Schicksal geworden. »Zufällig«? Jetzt haben wir uns so viel Mühe gemacht, den »Zufall« aus dem Leben zu eliminieren, und haben ihn doch nur an den Anfang des Lebens geschoben. Andererseits sagen wir: Im Kosmos kann es keinen Zufall geben – und weiter: Jedes Ereignis ist die formale Verwirklichung eines Inhalts. Also kann der Zeitpunkt der Geburt nicht zufällig sein, sondern muß formaler Ausdruck von Inhalten sein. Wo sind aber diese Inhalte, die den Beginn eines Lebens formal determinieren?

Hierauf gibt es nur eine logische Antwort: in einem früheren Leben! Die nicht gelösten und »erlösten« Probleme des vorigen Lebens setzen den Inhalt, der sich gesetzmäßig einen formalen adäquaten Zeitpunkt zur Inkarnation sucht. Das Horoskop einer Geburt, diese Lebensformel ist gleichzeitig eine Art Bilanz des letzten Lebens. Die Natur hat Zeit: Was der Mensch nicht in diesem Leben verwirklicht, nimmt er mit ins nächste – erspart bleibt ihm nichts!

Auf den ersten Blick erscheint es unverständlich, warum Astrologen den Beginn des Lebens immer mit der Geburt bzw. dem ersten Schrei gleichsetzen. Müßte ein Horoskop nicht viel eher auf den Zeitpunkt der Empfängnis berechnet werden, da wir doch mit

119

Sicherheit wissen, daß »Leben« nicht erst bei der Geburt beginnt? Nun, »Leben« beginnt weder bei der Geburt noch bei der Empfängnis, weil »Leben« eine immer vorhandene Energieform ist, die weder beginnt noch aufhört. Dennoch beginnt eine neue Inkarnation mit der Empfängnis. Jedoch fehlt dieser Entwicklung im Mutterleib die individuelle Eigenständigkeit, da der Embryo in den Kreislauf der Mutter eingeschaltet ist. Erst mit der Abnabelung des Neugeborenen und mit dem darauf erfolgten ersten Schrei schließt sich der eigene Kreislauf, und das Individuum ist geboren.

Empfängnis, Geburt, Tod sind nur Einschnitte, die jeweils neue Zustandsformen einer kontinuierlich vorhandenen Individualität einleiten. Bei der Geburt »stirbt« der Embryo, um Mensch zu werden, genauso wie die Raupe und die Puppe sterben muß, damit ein Schmetterling geboren werden kann.

Über die Betrachtung des Gesetzes von Inhalt und Form sind wir zur logisch notwendigen Forderung eines Lebens vor dem Leben gelangt. Damit haben wir jedoch nichts Neues gefunden, sondern lediglich eine uralte Weisheit auf einem anderen Weg entdeckt: Was wir nämlich Inhalt und Form nannten, nennen die östlichen Weisheitslehren und Religionen seit eh und je »Karma«. Unter Karma verstehen sie diejenige Gesetzmäßigkeit, die das Ergebnis eines Lebens in einen neuen Lebens- und Schicksalsweg umformt.

Ein Leben ist also das Ergebnis des vorigen Lebens und gleichzeitig das Fundament des nachfolgenden Lebens. Mit anderen Worten: Ich ernte in diesem Leben die Früchte – seien sie nun gut oder schlecht! –, die ich in meinem vorigen Leben gesät habe, säe aber gleichzeitig die Früchte meines nächsten Lebens. Zeitlich verkleinert gilt das gleiche für jede einzelne Tat: Sie ist immer Form eines früheren Inhalts und gleichzeitig Inhalt für eine spätere Form. Bewußt leben heißt, in jedem Augenblick sich dieser Verantwortung nach beiden Seiten hin gegenwärtig zu sein.

Das Polaritätsgesetz

»Der Herr schuf arm und reich, auf daß sie voneinander zu erkennen seien. Er schuf Tod und Leben, auf daß man den Unterschied sehe zwischen Saat und Verwüstung; er schuf Mann und er schuf Weib, er schuf Feuer und schuf Wasser, er schuf Eisen und Holz, Licht und Finsternis, Wärme und Kälte, Meer und Land, Speise und Hunger, Trank und Durst; er schuf das Gehen und das Hinken, das Sehen und das Blindsein, das Hören und das Taubsein ... – all dies, um die Allmacht des Herrn kundzutun, welcher alles in Zweiheit schuf.«

Micha Josef Bin Gorion »Die Sagen der Juden«, Frankfurt 1919

Polarität ist das Fundament unseres Daseins. Es gibt Tag und Nacht, Mann und Frau, Plus und Minus, Sommer und Winter, heiß und kalt! Die Erscheinungswelt bietet uns kein einziges Beispiel für ein Ding, für das es keinen Gegenpol gibt. Ja, nicht einmal unser Denken ist in der Lage, sich etwas ohne Gegenpol vorzustellen. Wir leben mit Gegensätzen, wir denken in Gegensätzen. Der Spannungsbogen zweier gegensätzlicher Pole ist sogar die notwendige Voraussetzung dafür, daß etwas in unser Bewußtseinsfeld eindringen kann. Es gibt zwar etwas, das dieser Polarität nicht unterworfen ist: nämlich Gott. Und gerade deswegen können wir uns unter Gott auch nichts vorstellen.

Versuchen wir dennoch, uns eine Vorstellung von Gott zu machen, zwingen wir ihn automatisch in die gewohnte Polarität: Aus »Gott« wird Vater und Sohn, Gott und Teufel, ein guter und ein böser Gott, wird »halb Mensch – halb Gott«, wird ein gütiger und zürnender Gott usw. Dies alles sind Versuche, etwas in unsere Vorstellung zu ziehen, was außerhalb der Vorstellungsmöglichkeit liegt. Auch hier sehen wir das Polaritätsgesetz: Wenn es Dinge gibt, die wir uns vorstellen können, so muß es natürlich auch Dinge geben, die wir uns nicht vorstellen können! Die Polarität erzeugt

Spannung und ist daher Voraussetzung und Ursache für alles Leben, für Aktivität, für Bewegung in jeglicher Form. Ohne Polarität gibt es nichts. »Nichts« als solches kann es jedoch nicht allein geben, lediglich als Gegenpol des Seienden. Deshalb ist auch »Gott« nur die vorgestellte Potenz, die erst durch polare Verausgabung sich offenbart und Wirklichkeit erzeugt.

Dem Polaritätsgesetz als einem der fundamentalen Gesetze der Wirklichkeit wird von den meisten Menschen zuwenig Beachtung geschenkt. Wir leben in einer Welt der Wertmaßstäbe, d.h., jeder Mensch errichtet sich ein Bezugssystem, nach dem er die Prädikate gut, richtig, wertvoll usw. verleiht. Mit den gegenpoligen Begriffen bös, falsch, wertlos bezeichnet er dann die Dinge und Ereignisse, die seiner Meinung nach unerwünscht sind und daher eigentlich gar nicht sein sollten. Mit dieser Einstellung sägt er jedoch an der Wurzel der Wirklichkeit. Denn in demselben Moment, in dem es nichts Böses mehr gibt, gibt es auch nichts Gutes mehr usw. Wenn ich bei meiner Lichtleitung in Zukunft den negativen Pol nicht mehr mit benutzen will, so habe ich gar keinen Strom mehr. Wer das Böse bekämpft, macht das gleiche wie der, der das Gute bekämpft: Beide bekämpfen die Wirklichkeit. Gut und Böse sind nichts anderes als die polare Erscheinungsform ein und derselben Sache, die wir uns als Einheit nur nicht bewußt vorstellen können.

All die Menschen, die so stolz sind auf ihr »Gutsein«, sollten nicht vergessen, daß sie dies nur auf Kosten der Menschen tun können, die »nicht gut« sind, daß sie sich nur durch deren Existenz voneinander unterscheiden können. Es kommt noch dazu, daß ein solcher sich so »gut« meinender Mensch nicht nur gut, sondern zu gleichen Teilen auch bös ist, jedoch den bösen Teil seiner Persönlichkeit ins Unbewußte verdrängt und von dort auf die Umwelt projiziert. C. G. Jung nannte diesen negativen Teil des Menschen, den übrigens jeder besitzt, den Archetypus des Schattens. Wen wundert es, daß die Anerkennung des Schattens als Teil der eigenen Persönlichkeit der erste notwendige (und auch schwierige) Schritt jeder psychotherapeutischen Behandlung einer neurotischen Störung ist? Die Natur fordert vom Menschen das »Ganzsein«, und dazu gehören zwei Pole der Wirklichkeit.

Vom gleichen Thema sprachen wir schon einmal im Zusammenhang mit der Astrologie und den korrigierenden Maßnahmen des Schicksals, einseitige Lebenshaltungen durch Schicksalseinbrüche im Sinne des Gegenpols zu kompensieren. Interessant erscheint mir in diesem Zusammenhang die Tatsache, daß einerseits das Horoskop kreisförmig ist und dieser Kreis als Symbol der Vollkommenheit alle Elemente der Wirklichkeit symbolisch enthält, andererseits gegen Ende einer psychotherapeutischen Behandlung in den Träumen und Phantasien der Patienten die berühmten kreisförmigen Mandala-Figuren als Symbol der erreichten Vollständigkeit ganz von selbst auftauchen.

Wenden wir das Polaritätsgesetz weiter an: Wenn es ein Diesseits gibt, muß es auch ein Jenseits geben. Die Tatsache, daß wir über das Jenseits sehr wenig wissen, verleitet die einen dazu, seine Existenz überhaupt zu leugnen, die anderen, ihre ganze Phantasie in die Ausgestaltung des Jenseits zu investieren. Untersuchen wir, was wir wirklich wissen.

Das Jenseits existiert, da es der Gegenpol zum Diesseits ist. Gäbe es kein Jenseits, so gäbe es auch kein Diesseits. Das Jenseits ist aufgrund der Polarität ganz bestimmt anders als das Diesseits. Das heißt jedoch nicht, daß es etwas Höheres oder Besseres als das Diesseits ist. Genau dies hört man aber so häufig aus den Kreisen, die sich im Diesseits so intensiv mit dem Jenseits beschäftigen. Wenn wir ins Jenseits überwechseln, verbessern wir uns keinesfalls, wir verändern uns lediglich. Auch hier ist also jegliche Wertung eines Poles unsinnig.

Ein ganzer, vollkommener Vierundzwanzig-Stunden-Tag besteht aus Tag und Nacht. Beide sind in ihrer Qualität verschieden, ja sogar entgegengesetzt. Warum jedoch sollte der Tag besser sein als die Nacht, oder umgekehrt? Genauso verhält es sich mit dem Jenseits. Wer sich zuviel mit dem Jenseits beschäftigt und es für besser oder höher als das jetzige Leben hält, flieht vor den Forderungen des Jetzt und versäumt, die diesseitigen Aufgaben zu erfüllen. Ähnlich verhält es sich mit dem anderen Extrem: Wer nur an das Diesseits glaubt, stolpert unvorbereitet ins Jenseits. Richtig lebt, wer um die Erfordernisse des Jenseits weiß und mit diesem Wissen im Hintergrund die Anforderungen des Diesseits erfüllt.

Im Diesseits haben wir einen Körper aus Materie. Doch wir wissen: Wenn es Materie gibt, muß es auch etwas Nichtmaterielles geben. Psychologie und Kirche sprechen von Seele, verstehen aber beide etwas recht Unterschiedliches darunter. Auch von Geist reden sehr viele – und meinen alle etwas anderes. Nur was Materie bzw. Körper betrifft, sind sich alle einig. Diese Einigkeit legte es nahe, sich auf die Materie zu konzentrieren und allem anderen die Existenz abzusprechen.

Kennen wir eigentlich etwas, was nicht aus Materie besteht? Ja, zum Beispiel einen witzigen Gedanken oder das Gefühl der Freude, der Traurigkeit oder auch folgenden Vorgang: Herr Maier stirbt. Was hat sich verändert? Analysieren wir die Materie, so hat sich zwischen dem lebenden Herrn Maier und der Leiche Herrn Maiers nichts verändert. Und dennoch muß sich etwas geändert haben, sonst würden wir Herrn Maier jetzt nicht tot nennen. Wir sagen, das Leben ist von ihm gegangen.

Was ist Leben? Etwas Materielles? Wohl kaum, sonst hätten es die Mediziner schon längst in Flaschen gefüllt. Wir sehen also, daß es etwas geben muß, das nicht materiell ist, jedoch die Fähigkeit hat, sich mit Materie zu verbinden und diese zu organisieren. Denn Herr Maier bestand aus sehr vielen chemischen Elementen und deren Verbindungen, die jetzt nach seinem Tod alle ihrer Eigengesetzlichkeit nachgehen, was wir Verwesung nennen. Zu Lebzeiten von Herrn Maier war das noch anders! Alle chemischen Elemente unterstanden einer Idee und waren in eine große Organisation eingebettet, in der sie nur die Aufgaben erfüllten, die dieser Idee zuträglich waren, unter weitgehendem Verzicht auf ihre individuelle Eigengesetzlichkeit.

Es gibt also im lebenden Menschen ein organisierendes Prinzip, das im Wechselspiel mit der Materie des Körpers einen lebendigen Organismus bewirkt. Dieses organisierende Prinzip, das beim Tode den Körper offensichtlich verläßt, nennen viele »Seele« oder Psyche, die Anthroposophen nennen es Kräftebildekörper, die Okkultisten sprechen von Astralkörper. Die Namen sind unwesentlich, wichtig ist, daß wir wissen, wovon wir sprechen. Die Seele ist die individuelle Instanz im Menschen, ist das, was wir als kontinuierliches »Ich« empfinden, was jedoch unabhängig von den sich ständig erneuernden Zellen des Körpers ist. Obwohl sich der Körper ständig wandelt und verändert, Substanz auf- und abbaut, hat ein jeder ein ganzes Leben lang das Gefühl, der gleiche zu sein. Dieses ständig Gleiche ist seine Seele.

Was aber ist Geist? Gerade die falsche Anwendung des Wortes »Geist« führt zu so vielen Verwirrungen. Ich schließe mich hier der exakten Definition der alchemistischen Tradition an: Geist ist Leben! Die Fähigkeit, leben zu können, ist an sich unpersönlich und überindividuell. Jede Pflanze, jeder Stein, jedes Tier hat Geist, denn es lebt! Der Mensch ist also eine Dreiheit aus Körper, Seele und Geist. Der Körper besteht aus Materie, die Seele ist das Individualitätsbewußtsein, der Geist verleiht Leben. Diese Dreiteilung finden wir in allen drei Naturreichen, im Mineral-, Pflanzen- und Tierreich. Denn alles, was die Natur hervorbringt, besteht aus den drei wesentlichen Bestandteilen Körper, Seele und Geist oder, wie die Alchemisten sich ausdrücken: Salz, Schwefel und Merkur.

Der Tod löst nun das Zusammenwirken dieser Dreiheit auf. Die Seele als organisierendes Prinzip und der Geist als Lebenskraft trennen sich von dem materiellen Körper und gehen in ihre »Sphären«, nämlich ins »Jenseits«, ein, genauso wie der Körper in seine materielle Welt zurückkehrt. Der Tod beendet also lediglich das Zusammenspiel, die Symbiose dieser drei Bereiche. Die drei Bestandteile selbst werden jedoch vom Tod in ihrer Eigengesetzlichkeit überhaupt nicht berührt.

Ein banales Beispiel mag dies klarmachen: Wein besteht aus einer spezifischen Einheit von Fruchtsaft und Alkohol. Trennen wir durch Destillation den Alkohol vom Wein, so »stirbt« gleichsam der Wein, die beiden Komponenten Fruchtsaft und Alkohol bleiben jedoch erhalten. Analoges geschieht beim Tod eines Menschen.

Die Beschaffenheit des Diesseits erfordert einen materiellen Körper, die Struktur des Jenseits einen immateriellen Körper. Wir wechseln also beim Sterben lediglich die Ebene unseres Aufenthaltes, wobei wir uns gleichzeitig der neuen Situation durch Ablegen der dort störenden Materie anpassen. Da unser Ichgefühl jedoch in der Seele und nicht im Körper beheimatet ist, bleibt die Individualität der Person über den Tod hinaus erhalten. Das ist für uns ein ungewohnter Gedanke, da wir gewohnt sind, uns mit dem Körper zu identifizieren.

Eine kleine Vorstellungshilfe mögen uns da unsere Traumerlebnisse liefern. Zwar erleben wir uns im Traum meist mit unserem Körper, jedoch sind wir seinen Gesetzen nicht im gewohnten Maße unterworfen: Wir fliegen, gehen durch Mauern, verwandeln uns u.ä.! Da das Traumgeschehen sich ja bereits im alogischen Bereich abspielt, also dem irrationalen Pol der Wirklichkeit zugehörig ist, liefert uns der Traum in vielerlei Hinsicht sehr gute Einblicke in die Gesetzmäßigkeit des Irrationalen, des Jenseits.

Erwähnenswert ist in diesem Zusammenhang der unterschiedliche Zeitbegriff: Wir können im Traum innerhalb von Sekunden Geschichten erleben, die nach unserem Zeitbegriff sich über Tage oder Jahre erstrecken. So wissen wir auch von vielen Menschen, die in letzter Sekunde einer Todessituation entrissen wurden, daß im Augenblick der Todesbedrohung ihr ganzes Leben von der Kindheit an filmartig vor ihren Augen nochmals ablief.

Ebenso wie der Zeitbegriff nur auf die diesseitige Erlebnisform anwendbar ist, im Jenseits aber völlig anderen Gesetzen unterworfen ist, so wandeln sich analog auch alle anderen gewohnten Kategorien wie Denken, Sprechen, Fühlen, Sich-Bewegen usw. Die Informationen über das Jenseits stammen entweder von klinisch toten Menschen, die ins Leben zurückgeholt wurden, oder von Medien, die auf irgendeine Weise Kontakt mit jenseitigen Wesen haben.

Die Problematik dieser Information liegt neben der häufigen Schwierigkeit, die Echtheit der Aussagen zu prüfen, vor allem in der Schwierigkeit, ja Unmöglichkeit, irrationale Vorgänge in ein rationales Sprachsystem zu transformieren. Der mögliche Kompromiß liegt in den bildhaften Symbolsprachen. So schildern ziemlich übereinstimmend die meisten Berichte das Jenseits als eine Welt der Licht- und Tonschwingungen, der Farben. Hellsichtige Personen sahen seit jeher alle Lebewesen und so auch den Menschen von einer farbigen Strahlungshülle umgeben. Man nennt diese Strahlung Aura. Der Hellsichtige, der diese Aura zu sehen vermag, kann aus ihrer Ausdehnung und Farbzusammensetzung

Rückschlüsse auf den Menschen ziehen, auf dessen Gesinnung, Charakter und Krankheiten.

Diese Aura, von der Wissenschaft als eine der üblichen Spinnereien der Okkultisten abgetan, wurde nun zufällig von einem russischen Forscher namens Kirlian experimentell nachgewiesen und kann mit einer von ihm entwickelten Hochfrequenzapparatur fotografiert werden. Diese Kirlian-Fotografien zeigen bei frisch gepflückten Pflanzen, bei Tieren oder Körperteilen des Menschen einen intensiven Strahlungskranz in verschiedenen Farben, den er Bioplasma nennt. Dieses Bioplasma kann man mit Lebensenergie gleichsetzen, denn es zeigt sich, daß sich dieser Strahlungskörper dann von der Materie trennt, wenn das Lebewesen getötet wird, selbst jedoch unzerstörbar ist. Weiterhin reagiert diese Ausstrahlung in ihrer Intensität und Farbigkeit auf experimentelle Veränderung durch Koffein, Drogen, Alkohol, Müdigkeit, Glücksemotionen, Zorn, Konzentration usw. Die experimentell gewonnenen Ergebnisse decken sich genau mit den seit Jahrhunderten bekannten Aussagen der Menschen, die die Aura sehen konnten.

Inzwischen beginnt man an den Universitäten der ganzen Welt diese Kirlian-Fotografie technisch weiterzuentwickeln, sammelt eifrig die verschiedenen Fotografien, katalogisiert und archiviert sie. Wieder ein typisches Beispiel dafür, was mit Erkenntnissen, die den Wissenden seit Jahrhunderten bekannt sind, passiert, wenn sie von der Wissenschaft entdeckt und in ihr funktionales System eingeordnet werden. Vor lauter Experimentieren, Katalogisieren und Zerlegen in Einzelfakten übersieht man die Relevanz und Konsequenz der Entdeckung für das Denken. Denn während die einen die technischen Geräte zur Fotografie eines psychischen Körpers vervollkommnen, entwickelt die Psychologie ihre Psychologie ohne Psyche immer weiter. So amüsant es auch sein mag zu beobachten, wie die Wissenschaft immer wieder versehentlich das bestätigt, was die von ihr diffamierten »Okkultisten« schon immer behaupteten, so bringen diese wissenschaftlichen Bestätigungen für unser Denken soviel wie gar nichts, da die Einzelfakten in keinen Zusammenhang integriert werden. Folgen wir also vorerst unserem Weg.

Wir wissen, daß unser seelischer »Körper« oder Astralkörper

aus Lichtstrahlung besteht, dessen Farbzusammensetzung mit den seelischen Inhalten korreliert. Da das Jenseits die adäquate Existenzebene für diesen Astralkörper ist – sie wird deshalb auch als Astralebene bezeichnet –, muß ihre Energieform dieselbe sein. Mit anderen Worten: Das Jenseits bzw. die Astralebene ist eine Welt der Schwingungen. Diese Welt der Schwingungen ist räumlich von unserer Welt nicht verschieden oder getrennt zu denken, sondern unserer Welt immanent, lediglich durch die Wahrnehmungsschwelle getrennt. Dieser Punkt ist wichtig.

Wir tendieren dazu, das Jenseits, wie das Wort schon sagt, jenseitig im örtlichen Sinne zu interpretieren. So entstand im Glauben der »Himmel«. Das »Jenseits« bezieht sich jedoch nur auf unsere Wahrnehmung. Uns modernen Menschen liefert die Technik dazu bessere Vorstellungshilfen.

So wie unser Zimmer »voll« von den verschiedensten Radio- und Fernsehprogrammen ist, wir sie jedoch ohne technische Transformation mit unserem Sinn nicht wahrnehmen können, sie aber dennoch da sind, so verhält es sich ähnlich mit der Astralebene. Da sie der Gegenpol unserer Welt ist, ist sie zwangsläufig auch überall da, wo etwas von unserer Welt ist. Es fällt wohl jedem schwer, sich vorzustellen, er wäre ein bestimmtes Bild aus einer Fernsehsendung und würde sich in Form einer Welle mit einer bestimmten Frequenz verschlüsselt durch den Raum ausbreiten. Daß wir uns jedoch nicht in eine solche »Welle« hineinversetzen können, berechtigt uns nicht zu dem Schluß, daß es sie nicht gibt.

Ähnlich ist es mit der Astralebene. Wir können sie uns schwer vorstellen, wenn überhaupt, dann nur in Bildern und Vergleichen, die sich jedoch mit der Wirklichkeit nie decken. Wir können sie gedanklich abstrakt formulieren und ihre Bedeutung für uns ableiten, erfahren können wir sie jedoch erst dann, wenn wir selbst dort sind. Nun kommen wir alle einmal dorthin. Doch eigenartigerweise erfüllt diese Gewißheit die meisten nicht mit Neugierde, sondern mit großer Angst. Denn der Tod ist die Türe, durch die wir die andere Ebene betreten.

Der Tod ist seit jeher für alle Menschen eines der faszinierendsten Ereignisse, denn der Tod ist der Feind des Lebens. Das ist falsch! Der Tod ist zwar der Gegenpol des Lebens, aber das besagt doch, daß es ohne Tod überhaupt kein Leben gäbe. Deshalb muß auch der Mensch bereits in dem Augenblick, in dem er geboren wird, den Tod akzeptieren, denn der Tod ist das einzig Sichere im Leben eines Menschen. Der Tod ist also nicht etwas, was von außen her das Leben bedroht, sondern innerer und wesentlicher Bestandteil des Lebens selbst.

Rudolf Steiner sagte einmal: »Leben ist Rhythmus.« Nun besteht Rhythmus immer aus zwei Phasen. Die eine Phase heißt Leben, die andere Tod. Wir kämpfen hier mit einer sprachlichen Ungenauigkeit: Das Leben beinhaltet Leben und Tod, genauso wie ein ganzer Tag aus Tag und Nacht besteht. Eine Sinuswelle hat in der Mitte einen Schnittpunkt, in der sie die Nullinie schneidet. Dieser Schnittpunkt zerstört diese Sinuswelle jedoch nicht, sondern macht sie überhaupt erst zur Sinuswelle. Dieser Schnittpunkt entspricht dem Tod; er ist die Voraussetzung für Leben. Noch ein Bild: Der Tod ist eine Tür, auf deren einer Seite »Ausgang« und auf deren anderer Seite »Eingang« steht.

Warum haben wir aber größtenteils eine solche Angst vor diesem Tod? Der Grund mag darin liegen, daß wir uns fälschlicherweise mit unserem materiellen Körper identifizieren statt mit unserem psychischen Ich. Die Angst vor dem Tode läßt uns vor einer bewußten Auseinandersetzung mit dem Tode fliehen. Darin liegt jedoch eine Gefahr. Denn wie will ich ein vollkommenes Leben führen, wenn ich vor der einen Hälfte des Lebens fliehe? Das Verständnis des Lebens beginnt mit dem Verständnis des Todes. Denn »niemand wird lernen zu leben, der nicht gelernt hat zu sterben« (Tibetanisches Totenbuch).

In diesen Zusammenhang gehört das merkwürdige Märchen der Brüder Grimm: »Die Geschichte von einem, der auszog, das Fürchten zu lernen.« Das Märchen erzählt von einem Knaben, der kein Grauen vor dem Tode kennt und aus seiner kindlichen Unterscheidungslosigkeit mit Leichen genauso spielt wie mit Lebendigen und deshalb von den Menschen seiner Umgebung weggeschickt wird, da sie sich seiner schämen. Er muß erst das elementare Gefühl des Gruselns und Grauens erleben, ehe er eigentlich Mensch werden kann. Denn das Grauen ist die Basis, von der aus sich erst eine bewußte Auseinandersetzung mit dem Tode entwikkeln kann. Doch nur über ein entwickeltes Todesbild kann sich eine reife Einstellung zum Leben ergeben. Deshalb haben auch alle alten Mysterien und Einweihungskulte sowie auch die Riten der Primitiven, die den Jugendlichen zum Mann machten, den Schüler mit einer Todesgefahr konfrontiert.

Alle Religionen wußten ursprünglich um die Einheit von Tod und Leben; so mußte auch Christus sterben, um das »ewige Leben« schenken zu können. Wie bedeutend ein gereiftes Todesbild für die Gesundheit und weitere Individuation der Seele ist, wissen wir heute aus der analytischen Traumdeutung. So zeigen häufig die Träume von Patienten im Laufe der Behandlung eine ständige Reifung der Todessymbole, angefangen von der archaischen Flucht oder der schlichten Leugnung bis zur Anerkennung des Todes als Basis des Lebens. Mir geht es also nicht darum, den Tod zu verharmlosen oder zu banalisieren, sondern mir liegt daran, die Wichtigkeit einer rechtzeitigen Auseinandersetzung mit diesem Thema zu betonen und die Ebene anzuzeigen, auf der das Todesproblem sinnvoll gelöst wird. Die Kenntnis um die Gesetzmäßigkeit des Todes hat nämlich noch einen anderen, praktischen Aspekt; ich nenne ihn »die Kunst, zu sterben«. Angesichts der heutigen modernen Bräuche müßte man besser formulieren: »Die Kunst, jemand sterben zu lassen.«

Die Kunst des Sterbens

Wenn heute einer mit dem Tod oder einem sterbenden Menschen konfrontiert wird, verfällt er in irrsinnige Aktivität. Er ruft Menschen herbei, telefoniert nach einem Wagen, bemüht ein Dutzend Ärzte, alarmiert Krankenhäuser. Der Sterbende wird hin und her gefahren und seine Seele durchgerüttelt. Damit entledigen sich die Angehörigen der Verantwortung und der Pflicht, mit dem Sterbenden allein zu sein.

Was der Sterbende in dieser Situation am nötigsten brauchte, wäre ein Geistlicher. Wobei ich nicht unbedingt einen Menschen meine, der diesen Beruf ausübt. Ich meine ganz einfach einen Menschen, der mit dem Tod vertraut ist und nicht gleich den Kopf verliert. Im Grunde müßten alle, die um den Sterbenden herum sind, vor allem seine Angehörigen, ihm diesen seelischen Beistand geben.

Ich kenne Leute, die Angst haben, ihren verstorbenen Vater oder ihre verstorbene Mutter in der Leichenhalle noch einmal anzuschauen. Sie haben nicht einmal das Gefühl, diesen Menschen die letzte Ehre dadurch zu erweisen, ihn als Toten anzuschauen und dadurch lebend in Erinnerung zu behalten.

Wegen dieser Furcht vor dem Tode hat es sich auch eingebürgert, daß der Sterbende abgeschoben wird und die, die eigentlich bei ihm sein sollten, sich mit der Todesnachricht, die ihnen irgendein Mensch im weißen Kittel überbringt, zufriedengeben. Ein ganzes Leben lang war man Seite an Seite. Im Moment des Sterbens aber, wo jeder Mensch den Nächsten am dringendsten braucht, läßt man ihn im Stich. Unser ganzes System ist darauf ausgerichtet, Menschen nicht mehr menschenwürdig sterben zu lassen.

Das Schlimmste, was man einem Sterbenden antun kann, ist: ihn am Sterben zu hindern, ihn beispielsweise mit Elektroschocks zu peinigen mit der Absicht, sein Herz noch einmal anzufachen. Warum darf der gute Mann nicht sterben? Weil die Angehörigen,

131

die offiziell sich so rührend um den Sterbenden bemühen, in allererster Linie damit befaßt sind, ihre eigene Todesangst zu bekämpfen. Aufgrund dieser ureigenen Todesangst versäumt jeder seine Pflicht.

Welchen Beistand braucht der Sterbende? Man muß bedenken, daß der Todeskampf ein echter Kampf ist und vielleicht ein Kampf sein muß. Ich jedenfalls glaube, daß der schönste und beglückendste Tod der Tod nach einem Todeskampf ist, nach einer letzten großen Auseinandersetzung zwischen Leben und Tod.

Ich glaube nicht, daß das einfache Dahindämmern, das Hinüberschlafen in den Tod, das beste ist. Ich glaube auch nicht, daß ein fröhlicher Tod der beste ist. Ich glaube, daß der Todeskampf zur Würde des Todes gehört. Diesen würdigen Tod verhindert der Unfalltod auf der Straße. Denn er läßt keine Vorbereitung zu. Es gibt einen Knall – aus!

In dem Buch »Dreißig Jahre unter den Toten« berichtet der Psychiater Carl Wickland über Medien, aus denen Verstorbene sprachen, die über ihren unwürdigen Tod klagten. Daraus kann man schließen, daß der Todeskampf offenbar zur Trennung von einem früheren Leben und zum Übergang in ein neues notwendig ist.

Warum ist Christus kämpfend gestorben? Zwar halte ich das Ringen um den Tod für absolut nötig, es sollte aber dennoch durch menschlichen Beistand erleichtert werden. Wenn ich Sterbelektionen zusammenstellen sollte, würde ich mich bemühen, dem Sterbenden durch die erste Lektion Ruhe zu schenken. Ich würde dringend anraten, den Sterbenden vor grauenhaften Situationen zu bewahren – vor Krankenwagen, Krankensälen, Gängen, Bahren, Treppenhäusern. Sterbende haben oft ein unwahrscheinliches Bedürfnis, zu reden und sich zu unterhalten, und deshalb würde ich in meiner zweiten Lektion raten, ihnen vor allen Dingen diesen Wunsch zu erfüllen. Sie wollen reden, und man soll sie reden lassen. Diese Menschen haben auf einmal ganz neue Eindrücke, und was man gemeinhin als Sterbephantasien abtut, sind oft schon Eindrücke aus der Astralebene, Eindrücke, die aber immer noch verglichen werden mit unserer realen Welt.

Hier sollte man helfen, hierauf sollte man nach besten Kräften eingehen; auch auf die Erinnerungen des Sterbenden. Bei ihm läuft das gesamte Leben offenbar in Form eines Filmes noch einmal ab, sozusagen im Zeitraffer. Gleichzeitig, wie gesagt, tun sich bereits neue Welten auf, der Zwang zur Metamorphose wird immer stärker. Der Zwang, den Körper abzustreifen, wird deutlicher. Wenn sich diese Trennung anbahnt, will der Mensch nicht allein sein. Dann nützen ihm zehn Leute nichts, die um ihn herum sitzen und heulen. In dieser Situation helfen ihm nur Menschen, die ihm assistieren wollen.

Und was kann der Sterbende tun? Nicht viel und alles. Wenn er bewußt *gelebt* hat, wird er in seiner schweren Stunde ganz gewiß das Richtige tun: Er wird bewußt *sterben*. Nachdenklich sterben ist der erstrebenswerteste Tod. Dafür ist Reife eine Voraussetzung, und deswegen wiederhole ich: Sterben sollte im Leben gelernt werden, indem man sich zeitlebens mit der Problematik des Todes vertraut macht und sich nicht kopflos ans Leben klammert.

An dieser Stelle noch einige Worte zu einem Thema, das leider von Jahr zu Jahr mehr Bedeutung gewinnt: Selbstmord. Täglich nehmen sich rund tausend Menschen in aller Welt das Leben, über zweitausend weitere versuchen es. In Berlin sterben fast dreimal mehr Menschen durch Selbstmord als durch Verkehrsunfälle. In der internationalen Statistik der Todesursachen steht unter fünfzig Gruppen der Selbstmord an neunter Stelle!

Hinter diesen nüchternen Zahlen stehen menschliche Probleme in den verschiedensten Variationen. Doch eins ist allen gemeinsam: Sie glauben, durch den Selbstmord ihren Problemen entfliehen zu können. Doch der Selbstmord ist ein großer Irrtum. Denn der Selbstmord beseitigt nur den materiellen Körper – doch die Probleme bleiben nach wie vor. Denn Probleme sind immer psychischer Natur – das gilt auch dann, wenn körperliche Leiden Anlaß zum Selbstmord waren, denn Leiden sind nur Ausdruck ungelöster psychischer Konflikte. Nach einem geglückten Selbstmord wird der betreffende Mensch mit großem Erstaunen feststellen, daß er mit all seinen Problemen nach wie vor existiert, lediglich mit dem Unterschied, kcinen Körper mehr zu haben. Das Fehlen seines Körpers verschlimmert seine Lage wesentlich, denn er hat dadurch kein Instrument mehr, seine Probleme durch Agieren zu lösen.

Spätestens in dieser Situation muß er einsehen, daß man vor Problemen nicht fliehen kann, sondern sie handelnd lösen muß – doch zum Handeln hat er keinen Körper mehr. Diese mißliche Lage verstärkt den Wunsch nach einem Körper, was meist zu einer sehr schnellen Reinkarnation führt. Jeder sollte daher immer bedenken, daß es keine Möglichkeit gibt, »sich das Leben zu nehmen«!

Das Jenseits

»Der Mensch ist das wunderbarste Geschöpf der Natur. Er kann nicht begreifen, was Körper ist, weniger noch, was Geist ist, und am wenigsten, wie ein Geist mit dem Körper verbunden sein kann; es ist dies der Gipfel der Schwierigkeit; und doch besteht eben darin sein Wesen.«

Pascal

Seit jeher interessieren sich die Menschen für das Jenseits. Sie möchten wissen, was sie nach dem Tode erwartet. Zwar haben wir versucht, diese Frage theoretisch und abstrakt zu beantworten, jedoch möchte sich der Mensch meist zusätzlich konkrete, bildhafte Vorstellungen machen können. Suchen wir nach Beschreibungen über das Jenseits, so sind wir auf die wenigen Menschen angewiesen, die als Seher oder Yogis das Jenseits bereits in ihrem diesseitigen Leben besucht und gesehen haben. Ob man diesen so entstandenen Berichten einfach glauben kann oder nicht, muß jeder selbst entscheiden. Ich selbst fand es eindrucksvoll, daß alle Berichte, unabhängig von ihrem Entstehungsort und -datum, eine ganze Reihe markanter Übereinstimmungen zeigen. Auf diesem Wege habe ich mit der Zeit eine Vorstellung vom Jenseits gewonnen, indem ich die Fakten, die in allen Berichten identisch erscheinen, als Struktur herausgriff. Diese Struktur möchte ich dem interessierten Leser kurz vorstellen.

Um den Vorgang des Sterbens verstehen zu können, sollte man erst einmal wissen, was beim Schlafen geschieht, denn der Tod ist dem Schlaf sehr ähnlich. Im Schlaf löst sich der Astralkörper vom physischen Körper, bleibt jedoch durch ein bandähnliches Gebilde, das sogenannte Astralband, mit dem physischen Körper verbunden. Während des Schlafens kann der Astralkörper sich sehr weit vom physischen Körper entfernen, die Verbindung mittels des Astralbandes bleibt jedoch immer erhalten.

In der Esoterik kennt man ganz bestimmte Übungen, die es ermöglichen, die Wanderungen des Astralkörpers während des Schlafes bewußt zu erleben. Gelingt es einem Menschen, bewußt den Astralkörper von seinem physischen Körper zu trennen, so sieht er sich in diesem Zustand selbst, da die Sinneswahrnehmungen im Astralkörper beheimatet sind. Diese Astralwanderungen sind übrigens keineswegs bloße Spekulationen, sondern geläufige Übungen sowohl im Yoga als auch in der angewandten Magie, über die es zahlreiche Berichte gibt.

Der Tod unterscheidet sich vom Schlaf lediglich dadurch, daß nach dem Austritt des Astralkörpers aus dem physischen Körper sich auch das Astralband trennt, also jegliche Verbindung zwischen den beiden Körpern abgebrochen wird. Beim Sterbevorgang tritt der Astralkörper in Form eines Bandes aus der linken Seite des Körpers aus, rollt sich über dem Kopf des Sterbenden spiralförmig ein und bildet zuletzt, nachdem es den Körper vollends verlassen hat, ein wolkenförmiges Gebilde. Aus dieser »Wolke« formt sich innerhalb der ersten Stunde nach dem Tode zuerst das Gesicht, dann der ganze Körper des Verstorbenen. Körper und Gesichtsausdruck sind vom Alter des Verstorbenen zwar unabhängig, bilden aber in stilisierter Form seinen Charakter ab.

Ist die Neuformung des Astralleibes beendet, erwacht der Verstorbene in seinem Astralkörper und fühlt sich so, als erwache er nach einem langen Schlaf. Es scheint ihm, daß sich für ihn nichts Besonderes geändert habe, außer einer Verschärfung der Wahrnehmung, einer Vergrößerung der Bewegungsmöglichkeit und anderen gesteigerten Fähigkeiten. Ansonsten unterscheidet sich die »neue« Welt kaum von der bisher gewohnten. Deshalb kommt es auch häufig vor, daß der Verstorbene nicht an seinen Tod glaubt, sondern weiterhin sein gewohntes Leben fortsetzen möchte. Lediglich die Tatsache, daß die Menschen seiner Umgebung, die er wahrnehmen kann, nicht auf ihn reagieren, bringt ihm die Veränderung seiner Lage langsam ins Bewußtsein.

Der Verstorbene befindet sich in einer Wunschwelt, die völlig aus seinen Wünschen und Vorstellungen aufgebaut wird; im Buddhismus spricht man von Maja, der Scheinwelt, die durch die psychische Projektion des Verstorbenen entsteht. Aufgrund unserer materialistischen Erziehung können wir uns meist nur schwer eine Welt vorstellen, die real ist, obwohl sie »nur psychisch« ist. Doch wir müssen uns abgewöhnen, in das Wort »psychisch« immer ein »nur« mit hineinzuinterpretieren. Ein psychischer Stein ist genauso real wie ein materieller Stein, ersterer ist sogar die notwendige Voraussetzung für die Existenz des letzteren.

Lebt der Verstorbene mit einem psychischen Körper in einer psychischen Welt, so ist dies für ihn absolute Realität. Er erlebt die Welt genauso, wie er sie bisher gewohnt war, denn er kann nichts anderes projizieren. Ich betonte schon früher, daß diese psychische Welt eine Welt der Schwingungen ist. Ein Gedanke genügt, um sofort Realitätsform anzunehmen; er eröffnet die Möglichkeit eines Schlaraffenlandes, hat aber gleichzeitig seine Schattenseiten. Zwar genügt ein Wunsch, um Reichtümer und ein üppiges Leben zu realisieren, jedoch genügt bereits die geringste Angst, um auch den Inhalt der Angst in Realität umzusetzen.

So wird der Mensch in diesem Zustand das Opfer seiner eigenen Triebe, Begierden, Wünsche und Gedanken. Er kann nur mit den Lebewesen in Kontakt treten, die auf gleicher Wellenlänge mit ihm liegen. So kann ein Geizhals nur mit Geizigen in Kontakt kommen, ein Räuber nur mit Räubern usw. Indem der Mensch sein eigenes Inneres als Außenwelt erlebt, schärft sich langsam seine Einsicht, seine Selbsterkenntnis und sein Wunsch, sich höher zu entwickeln. Getragen von diesen Wünschen, schaukelt er sich quasi selbst langsam in die Höhe, unterstützt von Wesen, die bereits eine höhere Entwicklung erreicht haben. Diese Wesen können allerdings nur dann mit ihm in Verbindung treten, wenn dieser selbst den Wunsch in sich spürt und damit die »Wellenlänge« schafft.

In diesem Zusammenhang erscheint es mir interessant, daß sich bei der sogenannten Stimmenforschung, bei der mit Hilfe technischer Geräte die Stimmen von Verstorbenen auf Tonband eingefangen werden können, eine Abhängigkeit zwischen der ausgestrahlten Frequenz und dem Niveau der jenseitigen Stimme zeigte. Mit anderen Worten: Je höher die Trägerfrequenz ist, die man ausstrahlte, um so anspruchsvoller werden die Antworten, die man auf Band erhält.

Im allgemeinen teilt man das Jenseits in mehrere verschiedene, hierarchisch angeordnete Sphären ein, meist sieben an der Zahl. In diesem Zusammenhang interessieren uns die einzelnen Namen und Eigenschaften dieser Sphären weniger. Wichtig ist lediglich, daß der geistige Entwicklungsstand und der Inhalt des Lebens diese Sphäre bestimmen, die man nach dem Tode als erste betritt. Aufgabe des Verstorbenen ist es dann, durch Reifung und Einsicht sich innerhalb dieser Hierarchie höher zu entwickeln, bis aufgrund dieser Läuterung der Wunsch nach einer neuen Verkörperung immer stärker wird.

Nach dem »Abstieg« durch die Sphären kann sich nun der geistige Körper wieder auf der stofflichen Welt inkarnieren. Zeitpunkt und Auswahl der neuen Eltern werden von den Inhalten des vorigen Lebens und den sich daraus ergebenden Notwendigkeiten für das neue Leben bestimmt. Eine Inkarnation ist also nur in einem Zeitmoment möglich, dessen Qualität den Inhalt des Menschen adäquat widerspiegelt. In diesem Punkt berühren sich Karma und Astrologie. Bei der Befruchtung stellen die beiden Elternteile lediglich die Materie zur Verfügung, mit der sich eine Seele verbinden kann. Darum ist auch die Streitfrage, wann »Leben« beginnt, völlig unsinnig, denn Leben kann weder beginnen noch aufhören, es wandelt nur seine Erscheinungsform.

Die Anwendung der Wirklichkeit

»Der Tod ist eigentlich eine Pause der Erquickung, so wie die Nachtruhe vor dem nächsten Lebensmorgen, an dem du mit frischer Kraft und munterem Mute deine unvollendete Aufgabe wieder aufnimmst, um nach und nach die Vollendung zu erlangen.«

Kalidasa

»Das physikalische Weltbild hat nicht unrecht mit dem, was es behauptet, sondern nur mit dem, was es verschweigt.«

C. F. von Weizsäcker

Unsere Welt gleicht zur Zeit einer großen Religionsgemeinschaft: Der Gott heißt »Ratio«, seine Priester sind die Naturwissenschaftler, die ihre Lehren als Offenbarung in einer unverständlichen Kirchensprache, die sich Fachterminologie nennt, der Masse der Gläubigen verkünden. Und wehe, es zweifelt einer an der Wahrheit oder Unfehlbarkeit der Lehren. Er wird sofort aus der Gemeinde der aufgeklärten Menschheit exkommuniziert. Man spottet heute über die Dominanz der Kirche im Mittelalter und übersieht, daß sich formal an der Struktur bis heute nichts geändert hat; lediglich die Funktion der Kirche wurde von der Naturwissenschaft übernommen. Ob wir uns durch diesen Führungswechsel qualitativ verbessert oder verschlechtert haben, wollen wir im folgenden untersuchen.

Die Verwendung des Wortes »Wissenschaft« macht einige Schwierigkeiten. So stellt das Adjektiv »wissenschaftlich« ganz bestimmte, definierte Forderungen an das Denken und die Methode des Forschens, gegen die ich gar nichts einzuwenden habe. Viel einzuwenden habe ich jedoch gegen das, was sich heute als Produkt dieses angeblich wissenschaftlichen Denkens, als »Wissenschaft«, präsentiert. Um nicht mißverstanden zu werden, stelle ich hiermit fest, daß ich, wann immer ich von Wissenschaft spreche, ihre heutige Form verstehe, wie sie sich uns zur Zeit darstellt.

Der Siegeszug der Naturwissenschaft entwickelte sich aus der Physik. Es ist verständlich, daß sich die Physik als erstes um die materielle Umwelt kümmerte und deren Gesetze zu erforschen begann. So weit, so gut. Doch im Eifer der Erfolge machte man zwei Fehlschlüsse:

Man vergaß erstens, daß man per Definition sein Forschen ja nur auf *einen* Pol der Wirklichkeit, nämlich auf die Materie, konzentrierte, und verallgemeinerte die gefundenen Gesetze in nicht zulässiger Weise auf die Gesamtwirklichkeit.

Aus dieser ersten Grenzüberschreitung erwuchs automatisch der zweite Fehler; man machte die Kriterien des eigenen Forschens auch für andere Disziplinen verbindlich, ohne zu bedenken, daß nicht alle Fakultäten es nur mit Materie zu tun haben.

Es ist ein Unterschied, ob ich das Hebelgesetz oder eine Neurose erforsche. Die heutigen Erkenntnisse der Naturwissenschaft mögen, bezogen auf materielle Zusammenhänge, noch so richtig sein, bezogen auf die Wirklichkeit sind und bleiben sie grundfalsch.

Dieses Problem stellte sich für die Wissenschaft so lange nicht, wie diese an ein materialistisches Weltbild glaubte. Nun verdanken wir es der Ironie des Schicksals, daß gerade die Physik, die den Boden für den Materialismus legte, sich heute unter dem Druck ihrer eigenen Ergebnisse gezwungen sieht, diesen Boden dem Materialismus wieder zu entziehen. So zeigt sich heute das groteske Bild, daß alle nichtphysikalischen Disziplinen immer noch fanatisch der Physik von gestern als dem großen Vorbild nacheifern, während die Physik selbst bereits neuen Ufern zustrebt. Dies fällt jedoch wenigen auf, da Zusammenschau noch nie die Stärke der wissenschaftlichen Spezialisten war. Vor diesem Hintergrund ist es möglich, daß sich ein Mann wie Prof. Carl Friedrich von Weizsäcker mit der Erforschung der Kundalini-Kraft, die nach Angaben der Yogi durch Meditation im Menschen entfaltet werden kann, beschäftigt, während die Psychologen versuchen, Neurosen mit Elektroschocks zu therapieren.

Die Naturwissenschaft hat auf einer falschen Grundannahme aufgebaut und muß daher zwangsläufig zu falschen Ergebnissen kommen; daran ändert auch ein noch so exaktes Vorgehen nichts. Wenn ich eine Gleichung auf einer falschen Hypothese aufbaue, komme ich zu einem falschen Resultat, auch wenn ich formell völlig richtig gerechnet habe. Wird mein Ergebnis kritisiert, so ist es sinnlos, darauf zu pochen, daß ich keinen Rechenfehler gemacht habe. Genauso gibt sich aber heute die Wissenschaft. Sie stellt nicht ihre Ausgangshypothese in Frage, sondern argumentiert mit der Exaktheit ihres methodischen Vorgehens.

Hier liegt auch der Grund, warum ich immer wieder betone, daß ich nicht nach Anerkennung der Astrologie und ähnlicher Gebiete durch die Wissenschaft strebe, denn durch das Einbeziehen eines richtigen Modells wird die Wissenschaft selbst noch lange nicht richtiger. Vielmehr will ich ein Gegenangebot in die Welt setzen, denn die Tage der Wissenschaft in ihrer jetzigen Form sind gezählt. Doch läßt man etwas Bestehendes meist erst dann fallen, wenn etwas Neues angeboten wird. Das naturwissenschaftliche Denken war ein notwendiger Entwicklungsschritt. Nun hat jeder Entwicklungsschritt die Tendenz, zu seinem äußersten Extrem zu führen, um dann von einer gegenpoligen Entwicklung abgelöst zu werden. So geschieht es auf allen Gebieten, ob in der Musik, in der Mode, in Fragen der Sexualität oder der Erziehung oder in großen geistesgeschichtlichen Epochen. Meist erkennt man erst rückblickend, wo und wann die fruchtbare goldene Mitte lag.

Wir leben heute in einer solchen Umbruchzeit. Das rationale Denken hat heute sein Extrem erreicht und fordert so das Irrationale als Gegenkraft heraus. In den wissenschaftlichen Reihen selbst spürt man diesen Vorgang an zwei Stellen: erstens an den neuen Theorien der Quantenphysik, zweitens wesentlich lautstärker an der linksextremen Kritik an der sogenannten »bürgerlichen Wissenschaft«. Außerhalb der Mauern der Wissenschaft ist diese Umkehr von der Rationalität zur Irrationalität noch wesentlich auffallender: Die Entwicklung begann etwa mit dem Aufkommen der Hippies und dem Konsum von Rauschgift. Da es die ersten Versuche waren, die Mauern des Rationalen zu durchbrechen und metaphysische Erfahrungen zu sammeln, mußten natürlich die Methoden noch plump und unvollkommen sein. Dies merkten die Betroffenen auch bald selbst, und man suchte nach besseren und eleganteren Methoden, um dasselbe Ziel zu erreichen.

Auf diesem Wege entdeckte man die östlichen Philosophien, den Hinduismus und vor allem den Buddhismus, den Yoga und die ihnen allen gemeinsame Technik der Meditation. Alte indische und chinesische Weisheitsbücher wurden zu Bestsellern unter Jugendlichen. Über den Umweg der östlichen Religionen entdeckte man schließlich sogar Jesus neu und nannte sich »Jesus People«. Indien wußte die Welle zu nutzen und versorgte uns fleißig mit heiligen Männern und Kindern.

Zur gleichen Zeit stieg das Interesse breiter Schichten an der Parapsychologie. PSI wurde zur Zauberformel. Schleunigst sammelten clevere Journalisten erstaunliche Fälle sogenannter paranormaler Phänomene aus den Archiven der Spezialisten und servierten sie in Buchform der PSI-hungrigen Menge. Das Geschäft blüht; Räucherstäbchen und Buddhafiguren verkaufen sich gut. Man »entdeckte« die Akupunktur und mit ihr die bis dahin verschwiegenen Fähigkeiten von Naturheilärzten und Heilpraktikern. Erzeugte man vor ein paar Jahren mit dem Wort »Autogenes Training« nur fragende Gesichter, so glaubt heute fast jeder zu wissen, was das ist. Verlage riskieren es, populär-astrologische Bücher zu einem Preis von 70,– bis 100,– DM zu offerieren.

Das alles sind lediglich die ersten Vorboten einer Entwicklung, die ich kurz »mystische Welle« nennen möchte. Ob ich diese neue Welle begrüße oder nicht, ist eine andere Frage. In diesem Zusammenhang ist allein wichtig zu sehen, daß sie bereits begonnen hat und eine unbewußte Reaktion der bis dahin wissenschaftsgläubigen Menschen darstellt. Denn die Hoffnung, die der Mensch unbewußt an die Wissenschaft knüpfte, wurde von ihr nicht erfüllt. Schließlich hatte man seinen Glauben an die Lehren der Kirchen aufgegeben, und so erwartete die Seele als Ersatz von der Wissenschaft eine neue Form der Erlösung. Auf seiten der Wissenschaft wurde diese unbewußte Erwartung fleißig geschürt, da man angeblich ständig kurz vor der Lösung aller Probleme stand. Doch die Lösung blieb aus, statt dessen wurden die einzelnen Theorien immer kurzlebiger und vorläufiger. Was gestern noch als wahr galt, ist heute bereits überholt. Dadurch wurde eine psychische Inflation auf seiten der Wartenden ausgelöst.

So beginnt man langsam, sein Heil wieder dort zu suchen, wo es eigentlich schon immer zu Hause war: im Irrationalen. Daß diese Umorientierung nicht schnell, glatt und reibungslos vor sich geht, ist selbstverständlich. Denn zur Umorientierung hat sich ja vorläufig nur die unbewußte Psyche entschieden, deren Arbeit durch die bewußten entgegenlaufenden Tendenzen nicht gerade erleichtert wird. So sucht man denn Kompromisse, wie etwa die »wissenschaftliche Parapsychologie« einen darstellt. Das Prädikat »wissenschaftlich« beruhigt die gewohnte Einstellung, die Themen der Parapsychologie befriedigen vorerst den unbewußten Hunger nach dem »anderen« Teil der Wirklichkeit. Deshalb hat es die Parapsychologie zur Zeit auch so leicht, auf breiter Ebene akzeptiert zu werden, während ein sich von der Wissenschaft abgrenzendes Angebot überall panische Angst und Abwehr auslöst.

Dabei ist der Bankrott der Wissenschaft so eklatant, daß es bereits einer hysterischen Blindheit gleichkommt, wenn man immer noch von Erfolgen spricht. Wo sind denn diese Erfolge? Noch nie fühlte sich der Mensch so entwurzelt wie heute. Noch nie gab es so viele Selbstmorde. Noch nie gab es so viele psychische Krankheiten. Wo also sind die Erfolge? Seitdem es die moderne Medizin gibt, hat sich die Zahl der Kranken um kein einziges Prozent gesenkt. Sind wir zufriedener oder glücklicher geworden? Sind wir dem Sinn des Lebens nähergekommen? Wissen wir wirklich mehr über die Wirklichkeit als früher?

Dies sind die zentralen Fragen, die den Menschen als Menschen wirklich angehen und zentral berühren. Was bedeuten daneben technische Entwicklungen, die täglich die Probleme vermehren? Ich bin nicht gegen die Errungenschaften der Technik und den daraus resultierenden Komfort, sondern dagegen, daß diese technische Entwicklung mit so viel Unwissenheit einseitig vorangetrieben wird, ohne daß die daraus entstehenden Konsequenzen halbwegs überblickt werden können. Was nützt mir zum Beispiel die Errungenschaft des Kunstdüngers, wenn man erst Jahre später merkt, daß es nur noch tote und vergiftete Nahrungsmittel gibt? Was nützt die moderne Stahlbetonbauweise, wenn dadurch die bioelektrischen Felder wie durch einen Faradayschen Käfig abgeschirmt werden?

Ich trauere nicht wehmütig einem goldenen Zeitalter nach, in dem die Welt noch heil und in Ordnung war. Im Gegenteil, ich bezeichnete schon vorhin die Naturwissenschaft als eine notwendige Entwicklung. Dieser notwendige und positive Schritt bestand in dem Entschluß, sich innerhalb unserer gegenständlichen Welt zu orientieren, sie zu klassifizieren, Vorgänge und Strukturen zu beobachten und bezeichenbar zu machen. Diese Phase der Beobachtung und Beschreibung von funktionalen Zusammenhängen muß aber irgendwann einmal ihre Grenzen erkennen und weiteren notwendigen Phasen Platz gewähren.

Mein Vorwurf bezieht sich auf die Überschreitung der nicht erkannten Grenzen. Aus der Bereicherung und Vergrößerung des menschlichen Umkreises durch neue erkannte Fakten ist eine Entwurzelung des Menschen aus seiner Tradition geworden. Wenn man die Analyse so weit treibt, daß man die Einheit und die Gesetze vergißt, so entdeckt man zwangsläufig ein Chaos von Zufälligkeiten, das man dann mit statistischer Wahrscheinlichkeitsberechnung wieder in den Griff zu bekommen versucht. Das Ergebnis: der moderne Mensch, der das Zusammengehörigkeitsgefühl mit dem Kosmos und der Natur völlig verloren hat und sich den chaotischen Zufällen des Schicksals hilflos ausgeliefert glaubt; ein Mensch, der sich nicht traut, nach dem Sinn des Lebens zu fragen, um nicht unwissenschaftlich zu erscheinen.

Medizin

>»Materie an sich gibt es nicht, es gibt nur den belebenden, unsichtbaren, unsterblichen Geist als Urgrund der Materie... mit dem geheimnisvollen Schöpfer, den ich mich nicht scheue, Gott zu nennen.«

>Max Planck

Der Irrtum der Wissenschaft hat seine schwerwiegendsten Folgen in denjenigen Disziplinen, die sich mit dem lebenden Menschen befassen, also in der Medizin und in der Psychologie. Ein Mann wie Paracelsus wußte noch um die großen kosmischen Zusammenhänge, in die Pflanze, Tier und Mensch eingebettet sind. Für ihn war ein Arzt, der nichts von Astrologie verstand, ein Kurpfuscher und Scharlatan. Heute behauptet man das Gegenteil! Doch nicht nur Astrologie, sondern vor allem auch Alchemie und die Signaturlehre der Pflanzen bildeten die Basis seines großartigen Könnens. Die moderne Medizin schüttelte diesen ganzen »mittelalterlichen Klimbim« ab und begann das gründlich zu analysieren, was man vorfand: die Materie. Man zerlegte und analysierte den menschlichen Körper in immer kleinere Bestandteile – eine Beschäftigung, die man noch heute nicht beendet hat. Je besser man das Detail kannte, um so besser konnte man auch eine jede Krankheit lokalisieren und spezifisch bekämpfen. So verschob sich automatisch das Bild vom »kranken Menschen« zum »kranken Organ«. Hiermit war der Weg frei zum Spezialistentum; ein jeder beschäftigte sich nur noch mit einem einzigen Ausschnitt des physischen Menschen.

An dieser Stelle liegt das Problem der Medizin. Der Mensch als Einheit ist etwas anderes als die Summe einer Anzahl meßbarer Einzelelemente. Deshalb stellt sich als erste und wichtigste Frage, ob *der Mensch* krank oder gesund ist. Ist er krank, so ist die Frage nach der Lokalisation dieser Krankheit sekundär. Ich muß den

Menschen in seiner Gesamtheit behandeln, will ich die Krankheit bei ihrer Ursache erfassen.

Wo liegt aber nun die Ursache einer Krankheit? Die Medizin glaubt, diese Ursache durch die Analyse der physiologischen Abläufe zu entdecken. Das ist leider ein Irrtum. Denn innerhalb des physisch-materiellen Körpers läuft nichts von selbst ab, sondern bedarf eines organisierenden Prinzips, einer Information. Sonst würde ja eine Leiche auch noch leben, denn an der materiellen Struktur hat sich nach dem Tode nichts geändert. Läuft irgendein Vorgang bei einem kranken Menschen nicht so, wie wir es gewohnt sind, so muß die Ursache in einer Veränderung des Programms liegen. Das Programm bzw. die Information ist aber immateriell und mit dem sogenannten Astralkörper identisch.

Wie kommt es aber nun zu dieser Informationsänderung? Wir wissen, es gibt keinen Zufall. Als wir von der Verwirklichung der astrologischen Konstellationen sprachen, sagten wir, daß man bestimmte Konstellationen auf verschiedenen Ebenen erleben kann. Verarbeitet also ein Mensch ein bestimmtes Thema der Wirklichkeit, symbolisiert durch eine Konstellation, weder geistig noch psychisch, so realisiert sich das ungelöste Problem schließlich auf der körperlichen Ebene. Diese Veränderung, die wir Krankheit nennen, ist ein Zeichen dafür, daß wir in irgendeinem Bereich nicht richtig, wirklichkeitsadäquat gelebt oder gehandelt haben.

Krankheit ist also *immer* als eine Aufforderung, seine bisherigen Gewohnheiten zu korrigieren, zu verstehen. Krankheit ist auch wieder nur Form für einen Inhalt. Den entsprechenden Inhalt zu finden, sich das übersehene Problem bewußtzumachen, heißt, die Ursache der Krankheit überflüssig zu machen. Jede Art der Therapie, die dieses Auffinden der krankmachenden Ursache versäumt, therapiert nicht die Krankheit, sondern behandelt Symptome. Man darf nicht den Begriff Krankheit mit der Symptomatologie gleichsetzen. Bedeutsam ist, ob ein Mensch krank oder gesund ist – durch welche Symptome sich diese Krankheit zeigt, ist nebensächlich.

So betrachtet, ist jede Krankheit psychisch bedingt, nicht nur jene kleine Gruppe, die in neuerer Zeit von der sogenannten psychosomatischen Richtung nachgewiesen werden konnte. In Anbetracht des Widerstandes gegen das neue psychosomatische Krankheitsmodell von seiten der klassischen Medizin ist das behutsame Vorgehen der psychoanalytisch orientierten Ärzte durchaus verständlich. Sie vermochten es auch, einen gewissen Wandel des Denkens einzuleiten, obwohl die hohe Entwicklung der technischen und medikamentösen Medizin die Grenzen doch recht eng steckt. So beschränkt sich zum Beispiel das Ausbildungsangebot für Medizinstudenten an der Münchener Universität auf eine zweisemestrige, einstündige Vorlesung in Psychosomatik, die überdies freiwillig ist. Das ist keine Basis, um sich von den bisherigen Ansätzen eine Reform des medizinischen Denkens zu erhoffen.

An dieser Stelle wird man mir entgegnen, daß meine Ansicht vielleicht auf eine Anzahl von Krankheiten zutreffen mag, es jedoch offenbar ist, daß man diese Betrachtungsweise nicht zum Beispiel auf die vielen von Erregern erzeugten Krankheiten und die Folgen von Unfällen anwenden könne. Wer diese Ausnahmen postuliert, arbeitet jedoch unbewußt immer noch mit dem geläufigen Zufallsbegriff, dessen Berechtigung ich bestreite. Es zeigt sich hier das gleiche Problem, wie wir es früher schon einmal im Zusammenhang mit dem Thema Unfall und seinen Folgen behandelten. Krankheitserreger sind nicht die Ursachen für die Krankheit, sondern das Medium, über das sich das »Kranksein« realisieren kann. Erreger sind zwar Ursachen der speziellen Symptome, nicht aber der Krankheit an sich. Ebenso ist ein jeder Unfall nur die Verwirklichung eines potentiellen Krankheitsbedürfnisses. »Unfäller« lenkten auch die Wissenschaft bereits in diese Richtung. So ergaben Untersuchungen in großen Fabriken, daß an achtzig Prozent der Unfälle nur zwanzig Prozent der Arbeiter beteiligt waren. Unter dieser Voraussetzung verschiebt sich das diagnostische Problem von der Frage: »Wie ist jemand krank?« zur Frage: »Warum ist jemand krank?« Darum muß der erste therapeutische Prozeß auch immer dieses »Warum« zu lösen versuchen. Ich gebe zu, daß die Theorie einfacher ist als die Praxis; dennoch gibt es geeignete Methoden. Drei verschiedene methodische Ansätze in dieser Richtung existieren zur Zeit:

1. das psychoanalytische Konzept, das durch die biographische Analyse die Ursachen des Krankseins und dessen symbolische Aussage zu finden versucht;

2. die anthroposophische Medizin, deren Mensch- und Krankheitsmodell der von mir hier dargelegten weitgehend entspricht; und

3. die astrologische Krankheitsdiagnose, die zweifellos die eleganteste und exakteste Lösung des diagnostischen Problems darstellt.

Die dritte Möglichkeit wird auch von einigen Ärzten genutzt, deren Zahl jedoch nicht groß genug ist, um diese Methode bis heute zu ihrer vollen Leistungsfähigkeit auszubauen. Die potentiellen Möglichkeiten astrologischer Diagnostik sind wesentlich größer als das, was mit dieser Methode heute geleistet wird, weil den führenden Astrologen das medizinische Wissen fehlt, um dieses Spezialgebiet weiterzuentwickeln, und es zu wenige Ärzte gibt, die genügend astrologische Fachkenntnisse haben, um diese notwendige Arbeit zu leisten.

Der erste Schritt einer jeglichen Therapie, gleichgültig, ob der Gegenstand nun Kopfschmerzen, Infektion oder Beinbruch heißt, sollte sich folgendermaßen gestalten: Man muß die psychische Entwicklungsgeschichte des Patienten kennen, aus der heraus kausal seine jetzige Situation entstanden ist. Gelingt es dem Patienten, diese inhaltlichen Probleme und deren Zusammenhang mit der momentanen Krankheit klarzumachen, so gewinnt er auf diesem Wege ein Stück Einsicht und Selbsterkenntnis; er wird bewußter. Der Aufforderungscharakter der Krankheit hat seinen Zweck erfüllt.

Erst wenn die Krankheit vom Patienten als für ihn sinnvoll akzeptiert wird, ist der Notwendigkeit des Krankseins der Boden entzogen. Denn die Krankheit wollte ja nur auf ein bestimmtes Problem aufmerksam machen, wollte korrigieren. In dem Moment, in dem ihre beabsichtigte Aussage verstanden wurde, ist ihre weitere Existenz überflüssig.

Nun wollen wir keineswegs den Fehler machen, auf die Einseitigkeit der Medizin zu schimpfen und gleichzeitig ebenso einseitig das gegenseitige Extrem zu verfolgen. Krankheit spielt sich in der

Überzahl eben nicht nur auf der psychischen, sondern auch auf der physischen oder somalen Ebene ab. Mit jeder Veränderung im psychischen Bereich korreliert eine Veränderung im Körper. Eine Therapie, die um diese Polarität weiß, wird nicht nach dem geschilderten ersten Schritt ihr Werk beenden, sondern ebenfalls auf der somatischen Seite die begonnene Korrektur fortsetzen. Erst jetzt wird man sich auch um die Symptome und ihre Eigenart kümmern. Doch obwohl in dieser Phase der Therapie unsere Zielsetzung der der herkömmlichen Medizin gleicht, werden sich dennoch unsere Methoden wesentlich unterscheiden.

Wir wissen, daß unser Körper immer bestrebt ist, gesund und störungsfrei zu funktionieren. Viele nennen dieses Phänomen die »innere Heilkraft«. Von der Kybernetik wurden in jüngster Zeit Modelle entwickelt, die diesem Gedanken sehr nahe kommen. Man spricht hier von einem »homöostatischen System«, was besagt, daß es sich beim menschlichen Körper um ein Regelsystem handelt, das bestrebt ist, ständig einen Gleichgewichtszustand herzustellen. Die Möglichkeiten des Körpers, irgendwelche Angriffe auf sein inneres Gleichgewicht auszugleichen und abzuwehren, sind so unendlich groß und vielfältig, daß es sehr viel erstaunlicher ist, wenn ein Mensch krank ist, als wenn er ein Leben lang gesund bleibt.

Da gerade den Ärzten diese Fülle der raffinierten körperlichen Abwehrmaßnahmen am besten bekannt ist, erstaunt es um so mehr, daß man in diesen Reihen immer noch die Ursache des Krankseins im Versagen körperlicher Abläufe sucht. Weder Gifte noch Krankheitserreger, soweit sie unter natürlichen Verhältnissen auftauchen, gefährden einen Körper wirklich. Erst wenn durch psychische Steuerung »absichtlich« die Abwehrmaßnahmen des Körpers blockiert werden, können solche äußeren Einflüsse als Krankheitsverursacher benützt werden. Diese unterschiedliche Anfälligkeit ist zwar auch schon den Medizinern aufgefallen, jedoch versuchten sie, das »Immunitätsproblem« auf der Ebene der Konstitution oder Organminderwertigkeit zu lösen. Weiß man nun um den Zusammenhang vom inneren Heilbestreben des Körpers und der psychischen Verursachung der Krankheit, so wird man, nachdem man die psychische Ursache beseitigt hat, auf der somatischen Seite vor allem diese innere Heilkraft in geeigneter Weise unterstützen.

Dadurch werden alle Methoden ausgeschlossen, die die vom Körper zum Zwecke der Heilung erzeugten Vorgänge unterdrükken, anstatt sie zu fördern. Ein Beispiel für diese Kategorie wäre die Fieberbekämpfung. Weiter erscheinen alle chemischen Medikamente schlecht geeignet, ein nach Gleichgewicht strebendes Regelsystem in seinem Bemühen zu unterstützen. Jedes chemische Medikament stellt für den Körper einen weiteren Fremdkörper dar, der das Gleichgewicht noch weiter verschiebt. Daran ändert auch nichts die Wirksamkeit auf ein bestimmtes Symptom. Die Belastung des Gesamtorganismus durch ein solches Medikament ist der Medizin unter dem Titel »Nebenwirkungen« zwar sehr gut bekannt, wird jedoch in der Öffentlichkeit bei weitem unterschätzt. Die Medizin meint, diese Nebenwirkungen als notwendiges Übel in Kauf nehmen zu müssen.

Nun darf man nicht übersehen, daß diese »Nebenwirkungen« einem Patienten der Schulmedizin tatsächlich gar nicht ungelegen kommen, denn er braucht dringend ein neues Krankheitssymptom, da bei der herkömmlichen Behandlung die psychische Verursachung nicht aus dem Wege geräumt wurde, sondern lediglich das Symptom. Denn was geschieht, wenn ich als Kranker den Aufforderungscharakter meiner Krankheit nicht verstanden habe und deshalb an meiner psychischen Struktur nichts ändere, mein Arzt jedoch erfolgreich mein Symptom bekämpft hat? Mein Unbewußtes ist gezwungen, den Versuch der Aufforderung, der durch die Kunst des Arztes völlig seinen Zweck verfehlt hat, noch einmal zu wiederholen – diesmal mit einem anderen Symptom! Der hierdurch entstehende Kreislauf ist wohl jedem gut bekannt durch die Menschen, denen dauernd »etwas fehlt«, die, von einer Krankheit geheilt, bereits von einer neuen Beschwerde heimgesucht werden.

Auch hier feiert wieder die Ironie ihre Triumphe: Während die immer neuen Symptome eines kranken Menschen das Versagen der Medizin überdeutlich dokumentieren, verbucht die Medizin jedes einzelne erfolgreich bekämpfte Symptom als »Heilerfolg« und treibt auf diese Weise ihre eigene Erfolgsstatistik in die Höhe. Denn je weniger Menschen von ihrem »Kranksein« als solches geheilt werden, um so größer werden die Erfolgszahlen der Medizin. Der gute alte Hausarzt wußte um diese Zusammenhänge noch am ehesten, da er im Idealfall seinen Patienten von Geburt an kannte und ihm weder dessen Familie, soziale Kontakte noch Probleme völlig fremd waren. In einer Zeit jedoch, in der ein Patient von Spezialist zu Spezialist gereicht wird, hat man kein Ohr für das Phänomen der Symptomverschiebung. Wo nun dieser Kreislauf der Symptomverschiebung endet, hängt von der Art der psychischen Störung ab. Im leichtesten Fall kommt es nach einer überstandenen Krankheit zu keiner weiteren, da das Durchleben einer Krankheit neben dem erwähnten Aufforderungscharakter auch einen Erlebniswert an sich besitzt. Dieses Erleben des Krankseins kann oftmals zur Korrektur oder Kompensation des bisherigen Verhaltens genügen. Jeder weiß, wie sehr sich Kinder nach einer durchgestandenen Krankheit verändern, aber auch, wie vieles man als Erwachsener nach einer Krankheit anders sieht. Reicht das Krankheitserlebnis zur Korrektur jedoch nicht aus, so werden weitere und immer ernstere Krankheiten im Sinne der Symptomverschiebung die Folge sein.

Weicht jedoch ein Mensch trotz all dieser Korrekturmaßnahmen von seiner »Lebensformel« immer mehr ab, so muß er von der Natur zwangsläufig eliminiert werden; er wird durch eine tödliche Krankheit oder einen Unfall »aus dem Verkehr gezogen«. Denn in einem Kosmos gibt es nur einen begrenzten Spielraum für Abweichungen; wird dieser übertreten, so muß der Kosmos seine Ordnung »gewaltsam« herstellen. Aus dieser Überlegung ergibt sich auch, daß eine tödliche Krankheit oder ein Unfalltod nie so plötzlich kommt, wie viele befürchten. »Plötzlich« erscheinen solche Ereignisse nur dem, der die Mahnungen der bisherigen Schicksalsereignisse nicht verstehen wollte. (Das Gesagte gilt natürlich nicht für den Tod alter Menschen, bei denen der vorgesehene Zyklus des irdischen Lebens zeitlich abgelaufen ist.)

Nun erscheinen die aufwendigen Forschungsarbeiten der Medizin zur Ausrottung der tödlichen Krankheiten, wie zum Beispiel Krebs, plötzlich in einem völlig anderen Licht. Der Sieg über den Krebs nützt keinem einzigen Menschen etwas! Er nützt genausowenig, wie die vielen Siege über andere Krankheiten bisher etwas genützt haben. Auch hier begegnen wir wieder dem Mechanismus der Symptomverschiebung! Es kommt der Natur nicht darauf an, ob jemand an Pocken oder Krebs stirbt oder ob er mit dem Auto gegen einen Baum rast. Wichtig ist lediglich, daß er stirbt.

Das klingt unmenschlich und brutal – aber nur deshalb, weil man unser Denken in falsche Kategorien gezwungen hat. Denn wenn ich weiß, daß Tod nur eine Metamorphose ist, ein Übergang von einer in eine andere Ebene, und weiter, daß auch ein früher oder gewaltsamer Tod kein Zufall, sondern Form für einen selbstgesetzten Inhalt ist, so klingt das Gesagte nicht mehr ganz so brutal und unmenschlich. Das Bild verschiebt sich vielmehr um hundertachtzig Grad: Unmenschlich wirkt auf einmal das gedankenlose Vorgehen der Medizin, die dem Schicksal und so auch dem Menschen eine Todesursache nach der anderen verbaut und unmöglich macht und ihn dadurch zwingt, immer neuere und kompliziertere Möglichkeiten der Verwirklichung zu suchen.

Das heißt ganz schlicht, daß eine große Zahl von Menschen, die früher noch an einer der üblichen Krankheiten im Bett gestorben wären, heute durch die Erfolge der Medizin gezwungen sind, zum Beispiel auf der Straße bei einem Unfall zu sterben. Doch auch diese Möglichkeit wird Schritt für Schritt von »klugen Köpfen« weiter eingeschränkt: durch Sicherheitsautos, Sicherheitsgurte, Geschwindigkeitsbeschränkungen und ähnlichen Unfug mehr. Der Titel »Rettung von Menschenleben« verhilft diesem im tiefsten Sinne unmenschlichen Treiben zu Ruhm und Glanz und falschverstandener Menschlichkeit.

Hier stellt sich ganz eindringlich die Frage, ob es überhaupt legitim ist, in Schicksalsabläufe anderer Menschen einzugreifen. Diese Frage betrifft natürlich nicht nur die Medizin, ist aber jedoch gerade hier von ausschlaggebender Bedeutung. Wenn man weiß, daß es keinen Zufall gibt, und wenn man jedem Ereignis, also auch einer Krankheit und einem Unfall, eine Sinnhaftigkeit zugesteht, dann wird das »Helfen und Retten um jeden Preis« recht dubios. Schließlich bedeutet jeder Eingriff in den Schicksalsablauf eines anderen einen so schwerwiegenden Übergriff auf dessen persönliche Autonomie, daß es sehr erstaunt, wenn dieses Problem fast überhaupt nicht diskutiert wird.

Woher holt sich ein Arzt die Berechtigung, zum Beispiel einen nicht lebenswilligen Säugling dazu zu zwingen, am Leben zu bleiben? Und sich nach dieser großartigen Tat nicht mehr um ihn zu kümmern? Die Eltern können dem Arzt diese Vollmacht wohl kaum erteilen, da sie selbst es waren, die die Geburt eines lebensunfähigen Kindes inhaltlich vorbereitet haben. Ein Kind aus einer harmonischen und glücklichen Ehe, das von beiden Elternteilen mit Freuden erwartet wird, ist nicht lebensunfähig! Entsteht aber ein Kind aus einer unechten Verbindung, das während der Schwangerschaft abgelehnt wird, so muß es zu einem Zeitpunkt auf die Welt kommen, der bereits formal die Lebensunfähigkeit dieses Kindes im Horoskop widerspiegelt. Es ist ein natürlicher und gesunder Vorgang, daß die Natur dieses Geschöpf vom Leben wieder zurückzieht.

Doch davon weiß der Herr im weißen Kittel nichts! Schließlich ist man ja der große Helfer der Menschheit und befiehlt über Leben und Tod! Und während auf der einen Seite die Säuglingssterblichkeit sinkt, wundern sich andere über den Anstieg von Kriminalität, Geisteskrankheit und Selbstmorden. Mit derselben Kaltschnäuzigkeit macht man Gelähmte gehend und Blinde sehend. Vielleicht ist es doch kein Zufall, daß bisher fast alle Blinden, die durch ärztliche Kunst sehend wurden, schwer depressiv wurden und sich zum Teil das Leben nahmen.

Als wir von Karma sprachen, bezeichnete ich dieses Leben als das formale Ergebnis des vorigen Lebens. Bringt nun ein Mensch eine angeborene Krankheit oder Verstümmelung auf diese Welt, so ist es seine Aufgabe, sich in dieser ihm zugeschriebenen Rolle zu verwirklichen. Ob man das Fatalismus nennt oder nicht, tut wenig zur Sache. Wichtig ist, daß ich so viel Hochachtung vor dem Menschen in seiner ihm eigenen Situation habe, daß ich nicht beginne, ihn »nach meinem Ebenbilde« umzuformen. Nehme ich solchen Menschen durch therapeutische Maßnahmen die ihnen spezifische Erlebens- und Erleidensform, so zwinge ich sie gleichzeitig, sich eine neue adäquate Situation zu suchen.

Es ist an der Zeit, endlich mit einem Mitleidsbegriff Schluß zu machen, der in Wirklichkeit nur zur Entschuldigung eigener Übergriffe dient. Diesem Korrigieren aus Mitleid liegt der Unwille der

Gesunden zugrunde, durch den Anblick eines Kranken ständig an einen ganz bestimmten Bereich der Wirklichkeit erinnert zu werden. Ein Gelähmter oder Verkrüppelter demonstriert symbolisch jedem durch sein Leiden die Möglichkeit des »Selbst-leiden-Müssens«. Aber da daran niemand erinnert werden will, unternimmt man die größten Anstrengungen, jeden zu normalisieren oder, falls dies nicht gelingt, ihn in geschlossenen Anstalten aufzubewahren. Der Wunsch, daß andere therapiert werden, ist der Ausdruck der eigenen unbewußten Angst vor eigener Unvollkommenheit.

Nun ist es ein nicht ganz einfaches Problem, zwischen dem Recht zu helfen und der Hilfe als Übergriff klare Grenzen zu ziehen. Wichtiger als klare Grenzen ist aber das Problembewußtsein eines jeden, der mit Therapie beschäftigt ist. Ein jeder Fall sollte aufmerksam daraufhin geprüft werden, wieweit eine Krankheit dazu da ist, Schicksal erleben zu lassen, oder lediglich eine Mahnung für eine Korrektur ist. Im ersteren Fall wird sich die Therapie darauf beschränken müssen, dem Patienten die Sinnhaftigkeit seines Leidens einsichtig zu machen und ihn wieder mit seinem eigenen Schicksal zu verbinden und auszusöhnen. Im zweiten Fall wird man in der eingangs geschilderten Weise vorgehen, indem man erstens die psychischen Ursachen bewußt macht und zweitens die innere Heilkraft unterstützt.

Da ich so ausführlich die Methoden der Medizin kritisiert habe, wird man mit Recht therapeutische Alternativen erwarten. Diese alternativen Methoden gibt es in ausreichender Anzahl; sie werden meist unter dem Sammelnamen »Naturheilkunde« zusammengefaßt. Über die wichtigsten Verfahren möchte ich hier einen ganz kurzen Überblick geben, ausführliche Informationen würden den Rahmen sprengen und müssen daher in der Fachliteratur nachgelesen werden.

Hier gibt es zuerst eine große Gruppe der ableitenden oder entgiftenden Verfahren. Wie der Name schon sagt, bewirken diese Methoden die Ableitung von Giftstoffen und Krankheitserregern aus dem Organismus. Dieser Vorgang entspricht der natürlichen Reaktion des Körpers, toxische Stoffe durch Erbrechen, Durchfall oder Hautausschlag auszuscheiden. Als Beispiel für diese Gruppe sei der Baunscheidtismus erwähnt. Hierbei werden große Hautpartien als Ausscheidungsorgan verwendet, indem man die Haut mit einem speziellen Gerät nadelt und dann mit einem Reizöl einreibt. Auf diese Weise werden alle Fremdstoffe des Körpers an die Hautoberfläche gebracht, auf der sie in Form von großen Eiterpusteln ausgeschieden werden. Die Möglichkeit und Wichtigkeit einer solchen Reinigung des Körpers wird heute völlig übersehen. Eine riesige Anzahl von Krankheiten verschwindet bereits nach einer solchen Prozedur.

In einer weiteren Gruppe möchte ich die Akupunktur und die Neuraltherapien zusammenfassen. Die klassische Akupunktur, die sich vor etwa fünftausend Jahren aus der chinesischen Philosophie der Polarität von Yin und Yang entwickelt hat, kennt ein System von zwölf sogenannten Meridianen, von denen sechs zum Yin- und sechs zum Yang-Prinzip gehören. Unter Meridian versteht man Bahnen, in denen nach chinesischer Auffassung Lebensenergie im Körper kreist. Krankheit drückt sich hiernach in einem Ungleichgewicht des männlichen (Yang) und weiblichen (Yin) Prinzips aus. Die Akupunktur gleicht durch Stechen von Nadeln in bestimmte Punkte – man kennt bereits über 700 solcher Punkte – die beiden Energiesysteme miteinander aus.

Dr. med. Voll hat aus dieser klassischen Methode der Akupunktur eine moderne westliche Form entwickelt, die unter dem Namen Elektroakupunktur bekannt ist. Mit einem von Dr. Voll entwickelten elektrischen Gerät ist es möglich, durch elektrische Messung der einzelnen Akupunkturpunkte Krankheiten exakt zu diagnostizieren, durch elektrische Reizung der Punkte zu therapieren und außerdem durch das Dazwischenschalten eines Medikamentes dessen Wirkung zu testen.

Dieser letzte Punkt, unter dem Namen Medikamententestung bekannt, ist in unserem Zusammenhang so interessant, daß ich ihn näher schildern möchte. Während der Patient bei der diagnostischen Messung die eine Elektrode des Gerätes in seiner Hand hält, berührt der Arzt mit der anderen, griffelförmigen Elektrode die einzelnen Akupunkturpunkte, von denen jeder einem ganz bestimmten Organ des Körpers zugeordnet ist. Zeigt nun das Gerät bei bestimmten Punkten einen Zeigerabfall auf der Meßskala, so kann der Arzt hieraus diagnostizieren. Gibt man während dieser Prozedur dem Patienten eine Ampulle mit einem Medikament in die Hand, dann zeigt der Zeiger des Gerätes an, ob dieses Medikament zur Behebung der Störung geeignet ist oder nicht. Dies ist das einzige Verfahren, Medikamente bereits vor ihrer Verabreichung zu testen – was für unser Denken so ungewohnt klingt, daß die Elektroakupunktur, obwohl sie von vollausgebildeten Ärzten seit über zehn Jahren mit größtem Erfolg angewandt wird, von der Schulmedizin immer noch nicht anerkannt ist. Das ist verständlich, wenn man bedenkt, daß die Anerkennung der Elektroakupunktur einige weitreichende Konsequenzen für das medizinische Denken hätte. Im Zusammenhang mit dem nächsten Gebiet, der Homöopathie, komme ich noch einmal auf diese Medikamententestung zurück!

Die Homöopathie ist eine spezielle, auf Hahnemann (1755–1843) zurückgehende Methode der Arzneimittelzubereitung. Ausgangspunkt ist eine Urtinktur, die aus Pflanzen, Tieren oder Mineralien gewonnen wurde. Vermischt man nun einen Teil dieser Urtinktur mit neun Teilen Wasser oder Alkohol durch zehn Schüttelschläge, so habe ich eine Arznei in der ersten Potenz oder abgekürzt D 1. Nehme ich nun von dieser ersten Potenz der Arznei einen Teil und schüttle ihn zusammen mit neun Teilen Wasser zehnmal, so erhalte ich die zweite Potenz oder D 2. Diese Lösung enthält also jetzt nur noch ein Hundertstel der Urtinktur. Auf diesem beschriebenen Wege kann man jede gewünschte Dezimalpotenz einer Arznei herstellen. Bereits bei der sechsten Potenz (D 6) entspricht die Verdünnung ein Teil Arznei zu einer Million Teile Wasser. In der Homöopathie gilt jedoch D 6 noch als niedere Potenz, da man mit Potenzen bis zu D 1000 und weit darüber hinaus arbeitet.

Dem wissenschaftlich geschulten Geist fehlt hierfür meist jedes Verständnis. Kann man doch nachweisen, daß ein Arzneimittel mit der Potenz D 30 bereits kein einziges Molekül der Ursubstanz, nach der es benannt ist, mehr besitzt, also nur noch reines Wasser ist. Auf der anderen Seite kann jeder, der einmal mit der Homöopathie in Berührung gekommen ist, ihre Wirksamkeit und Heilfähigkeit beschwören. Wo liegt hier die Lösung? Vielleicht Suggestion? Man weiß ja inzwischen aus den sogenannten Placebo-Experimenten, daß auch unwirksame Medikamente, wenn sie mit der nötigen Suggestion ausgegeben werden, Wirkungen hervorrufen können. Inzwischen gibt es drei Beweise, die einerseits dieses alte Standardargument der Suggestion ausräumen, andererseits die Wirksamkeit homöopathischer Mittel nachweisen können.

1. die Anwendung homöopathischer Mittel bei Tieren, bei denen wohl ein Placebo-Effekt kaum in Betracht zu ziehen ist;

2. unter dem Druck eines drohenden Verbotes der homöopathischen Arzneimittel im Rahmen der EG-Verordnungen haben sowohl die betroffenen Firmen als auch besonders die Laboratorien der naturwissenschaftlichen Sektion der freien Hochschule für Geisteswissenschaft im Goetheanum große Experimentalreihen zum Nachweis der Wirksamkeit potenzierter Heilmittel durchgeführt. Hierbei wurde der Einfluß der verschiedenen potenzierten Substanzen auf das Wachstum von Pflanzenkeimen unter strengen experimentellen Bedingungen nachgeprüft. Die Versuchsanordnung und statistische Prüfungen würden an dieser Stelle zu weit führen und können nachgelesen werden.

Uns interessiert vor allem das Ergebnis: »All diese Untersuchungen stellten übereinstimmend und reproduzierbar fest, daß Potenzen nachweisbare Wirkungen auf das Pflanzenwachstum haben: hemmende, fördernde, in die Metamorphosenvorgänge eingreifende. Diese Wirkungen können, da an Pflanzen erzielt, nicht mehr als Suggestion abgetan werden. Gebieterisch erhebt sich die Frage: Wie muß Materie beschaffen sein, wenn sie sich als der Potenzierung fähig erweist?« (Wilhelm Pelikan in »Potenzierte Heilmittel«);

3. die Medikamententestung mit dem Elektroakupunktur-Gerät nach Dr. Voll. Wie oben bereits kurz erwähnt, reagiert der Zeigerausschlag des elektronischen Gerätes auf ein Medikament, das lediglich vom untersuchten Patienten in der Hand gehalten wird und außerdem noch in einer geschlossenen Glasampulle verpackt ist. Unser gewohnter Materiebegriff kann nicht einmal die Wirkung einer verschlossenen Substanz auf das Meßergebnis erklären, geschweige denn die unterschiedlichen Zeigerreaktionen auf

verschiedene potenzierte Heilmittel und auf die verschiedenen Potenzen, da ja all diese Ampullen nach wissenschaftlicher Ansicht nur reines Wasser enthalten.

Es fehlt also nicht an experimentellen Beweisen der Homöopathie, die alle die Anforderungen der Wissenschaft, besonders die der Reproduzierbarkeit, erfüllen. Dennoch scheuen sich viele Wissenschaftler und Journalisten nicht, ihre Unwissenheit in großen Artikeln gegen die Homöopathie lautstark zu bekunden (siehe zum Beispiel »Spiegel«-Kommentar zum Internationalen Homöopathie-Kongreß in Wien 1973!).

Die Frage, wie und warum die Homöopathie wirkt, haben wir noch nicht beantwortet. Sie folgt jedoch zwanglos aus alldem, was bisher gesagt wurde. Erinnern wir uns: Alles, was die belebte Natur hervorbringt, besteht aus Körper, Seele und Geist. Für Seele benutzen wir inzwischen auch den Begriff Astralkörper oder Kräftebildekörper. So, wie die Individualität eines Menschen eigentlich in seiner Seele, seinem Astralkörper, beheimatet ist, so besitzt auch die Heilpflanze analog ihren Astralkörper. Er ist der Träger der speziellen Individualität der Heilpflanze. Beim Vorgang des Potenzierens, der nicht mit Verdünnen gleichzusetzen ist, wird durch die einzelnen Schüttelbewegungen dieser Astralkörper von der Pflanze schrittweise gelöst und an das Verdünnungsmedium Wasser gebunden. So wird nun das Medium Wasser zum Träger der Information der Pflanze.

Mit anderen Worten: Das Potenzieren ist ein Überführen der Substanz aus dem ponderablen in den imponderablen Zustand. Rudolf Steiner sagte hierzu im ersten Ärztekurs: »Indem ich immer mehr verdünne, potenziere, komme ich zuletzt auf den Nullpunkt, wo sich die Wirkungen dieser Substanz in ihrem ponderablen Zustand nicht mehr äußern. Gehe ich dann noch weiter, so ist es nicht so, daß einfach die ganze Geschichte verschwindet, sondern es ist so, daß das Entgegengesetzte auftritt und daß dann in das umliegende Medium das Entgegengesetzte hineingebracht wird.« Nun wird die therapeutische Wirksamkeit der Homöopathie klar: Die potenzierte Arznei setzt ihre Tätigkeit nicht am materiellen Organismus an, sondern direkt am Astralkörper, in dem die Ursache jeder Krankheit liegt.

Durch die immaterielle Information einer homöopathischen Arznei wird die krankmachende Information im Astralkörper korrigiert. Während allopathische Medikamente auf der stofflichen Ebene Veränderungen hervorrufen, trifft die homöopathische Arznei die Krankheit an ihrem Entstehungsort. Alle chemischen Nebenwirkungen fallen auf diese Weise weg. Da nicht das Symptom, sondern die Krankheit behandelt wird, gibt es auch keine Symptomverschiebung. Wir verstehen jetzt auch, wieso das Elektroakupunkturgerät die verschlossene Arznei messen und in Beziehung zur Krankheit bringen kann: Die Messung fand auf der immateriellen Ebene statt. Wen es wundert, daß man dort elektrisch »messen« kann, der bedenke bitte, daß auch Strom immaterieller Natur ist! Hier schließt sich unser Kreis der Beweisführung: Man kann den Astralkörper von Pflanze, Tier und Mineralien nicht nur fotografieren, sondern auch elektrisch messen.

Ich hoffe, daß es mir gelungen ist, folgende drei Punkte klarzumachen:

1. die praktische Relevanz verschiedener »Weltbilder«. Es ist für unser tägliches Leben nicht gleichgültig, von welchem Materiebegriff man ausgeht, ob man an Zufall oder Determinismus glaubt und ob Reinkarnation eine Tatsache ist. Ich will damit zeigen, daß die Beschäftigung mit metaphysischen oder parapsychologischen Problemen nicht ein nettes Hobby für Leute ist, die nicht genug Beschäftigung in der realen Welt haben, sondern daß die Konsequenzen einer bestimmten Denkrichtung einen jeden auf Schritt und Tritt berühren. Es kann sich deshalb niemand leisten, sich der persönlichen Entscheidung für oder gegen bestimmte grundsätzliche Anschauungen zu entziehen;

2. der grundsätzliche Irrtum der Medizin: Der Ansatzpunkt der Kritik darf nicht einzelne Methoden oder Techniken der heutigen Medizin treffen, will man vermeiden, am Problem vorbeizudiskutieren. Solange die Medizin nicht einsieht, daß sie von einem falschen Menschheits- und Krankheitsmodell ausging und leider immer noch ausgeht, werden auch in Zukunft trotz aller »Weiterentwicklung« die Irrtümer nicht geringer werden. Da eine große und traditionsreiche Institution aber noch nie in der Lage war, ohne äußeren Druck ihr Denken grundlegend zu ändern, ist auch eine

161

schrittweise und langsame Annäherung an die Realität in der nächsten Zeit nicht zu erwarten;

3. die Alternativen zur Schulmedizin: Wichtigster Teil einer jeden seriösen Kritik sollte immer ein Gegenangebot sein. Im Bereich der Medizin gibt es eine beachtliche Reihe von Methoden, die nicht nur dem dargestellten Krankheitsmodell Rechnung tragen, sondern überdies in ihrer Wirksamkeit seit Jahrzehnten, größtenteils sogar seit Jahrhunderten erprobt sind. Dieses Angebot bietet daher jedem Interessenten die Möglichkeit, das Gesagte selbst in der Realität zu überprüfen und auch auf diesem Gebiet »Glauben« durch »Wissen« zu ersetzen.

Psychologie

»Ich weiß, daß die Universitäten aufgehört haben, als Lichtbringer zu wirken. Man ist des wissenschaftlichen Spezialistentums und des rationalistischen Intellektualismus überdrüssig geworden. Man will von Wahrheit hören, die nicht enger macht, sondern weiter, die nicht verdunkelt, sondern erleuchtet, die nicht an einem abläuft wie Wasser, sondern ergreifend bis ins Mark der Knochen dringt.«

C. G. Jung

Die Betrachtung der Psychologie in unserem Kontext ist nicht nur interessant, sondern auch kompliziert. Interessant deshalb, weil die Psychologie unserem Thema am nächsten steht, kompliziert, weil das, was sich ein Laie gemeinhin unter Psychologie vorstellt, mit der sogenannten wissenschaftlichen Psychologie kaum eine Gemeinsamkeit hat. Der Nichtpsychologe ist der Meinung, daß Psychologen aufgrund ihrer hervorragenden Kenntnisse um die menschliche Psyche sehr gute Menschenkenner seien, bereits aus äußerlichen Merkmalen auf grundlegende Charaktereigenschaften schließen könnten und so Kenner der geheimnisvollsten seelischen Zusammenhänge seien. Geschürt wird diese Meinung von den vielen Illustriertenartikeln und populärwissenschaftlichen Abhandlungen, die Träume und bestimmte äußere Erscheinungsmerkmale als Ausdruck eines bestimmten Charakters deuten. Psychologie ist zur Zeit modern, und so verleiht die Vorsilbe »Psycho« einem jeden Wort das Flair entschleierter Geheimnisse.

Bemüht sich der interessierte Laie, tiefer in das Gebiet der Psychologie einzudringen, so stößt er meist sehr bald auf die Werke von Sigmund Freud. Die Erwartungen werden nicht enttäuscht; kaum geahnte Zusammenhänge zwischen Symbol und Wirklichkeit offenbaren sich. Und so kommt es, daß Psychologie fast ausschließlich mit der Psychoanalyse Freuds identifiziert wird.

Die Realität sieht jedoch ganz anders aus. Die Psychologie beschäftigt sich mit den verschiedensten Gebieten, das einzige aber, womit sie sich nicht beschäftigt, ist die Psyche. Der Begriff Psyche oder Seele würde das streng wissenschaftliche Konzept der Psychologie nur stören. Deshalb definieren die Psychologen ihre Psychologie als »Lehre vom Erleben und Verhalten des Menschen«. Durch diese Definition hat man das Problem vom Zentrum an die Peripherie geschoben, denn Erleben und Verhalten sind bestenfalls Funktionen der Psyche.

Wir sehen die Parallelität zur Medizin; man erfaßt und analysiert fleißig funktionale Abläufe, ohne sich um die Ursache und den Entstehungsort zu kümmern. Dieses Vorgehen war bei Physik und Medizin immerhin noch naheliegend, da dort die Phänomene, die zum Forschen herausforderten, sich hauptsächlich im materiellen Bereich manifestierten. Die Psychologie jedoch hätte von vornherein die Chance gehabt, dem Irrtum des Materialismus nicht zu erliegen, da ihr Forschungsgebiet immaterieller Natur ist. Die ersten Ansätze der Psychologie berücksichtigten diesen Umstand auch gebührend. Den tragfähigsten Ansatz für eine echt psychologische Forschung lieferte schließlich Sigmund Freud. In seiner Überzeugung war Freud zwar Materialist, jedoch lieferte er mit seiner Technik der Psychoanalyse ein vom Materialismus ziemlich unabhängiges Instrument psychologischen Forschens.

Dieser durchaus fruchtbare Ansatz wurde von C. G. Jung aufgegriffen und konsequent weiterentwickelt. Dabei sprengte Jung die noch recht engen und einseitigen Grenzen der Freudschen Theorie und entwickelte in einem immensen Lebenswerk eine Psychologie, die sich ausschließlich an der Realität des Psychischen orientierte und so auch deren Eigengesetzlichkeit Rechnung trägt. Die Genialität Jungs erkannte klar die Rolle und Aufgabe der Psychologie als einer alle anderen Disziplinen umfassenden Wissenschaft.

Es ist unvorstellbar, welchen Erkenntnisstand unsere heutige Psychologie hätte, wenn sie die unzähligen Ansätze und Einsichten Jungs als Basis ihres weiteren Forschens genommen und die analytische Psychologie daraus konsequent weiterentwickelt hätte. Doch diese einmalige Chance verpaßte man mit souveräner

Blindheit, denn eine andere Strömung paßte gerade besser in das übliche Denkschema: Aus Amerika kam der Behaviorismus zu uns. Ab sofort galten als neue Ideale psychologischen Forschens die Grundsätze der Physik. Man erkannte klar: Nur wenn die Psychologie genauso exakt arbeitet wie die Physik, hat sie eine Chance, von den anderen Naturwissenschaften ernst genommen zu werden.

Ausgerüstet mit dieser Profilneurose, begann man schleunigst, psychologische Phänomene meßbar und quantifizierbar zu machen. Experiment und Statistik wurden das unentbehrliche Handwerkszeug eines Seelenforschers. Aus Liebe zur exakten Methode verzichtete man gerne auf die Erforschung der Psyche selbst. Es wurde gemessen und ausgewertet... man ist heute noch nicht mit dieser Arbeit fertig! Um nicht irritiert zu werden, erklärte man einfach alle Theorien, Ansichten, Ergebnisse und Methoden, die nicht den Anforderungen der Statistik entsprachen, als unwissenschaftlich und veraltet. Diesem Säuberungsverfahren fällt zur Zeit auch noch die Psychoanalyse Freuds zum Opfer, die man bisher immer noch wegen ihrer therapeutischen Anwendbarkeit geduldet hatte. Nachdem man nun aber glaubt, durch die Entwicklung der Verhaltenstherapie auch auf dem Therapiesektor autark geworden zu sein, fällt man endgültig auch über die Tiefenpsychologie das Urteil der Unwissenschaftlichkeit.

Das Ergebnis dieser Entwicklung ist eindrucksvoll: Ein wissenschaftlicher Psychologe weiß überhaupt nichts! Er lebt lediglich von dem Vorurteil der Laien, die glauben, er wüßte etwas. Die Psychologie besteht zur Zeit aus einer Unsumme von Einzelergebnissen, die sich letztlich alle widersprechen. Es dürfte wohl kaum eine einzige bedeutende Untersuchung existieren, zu der es keine Gegenuntersuchung gibt, die das Gegenteil beweist. Da jedoch auch Psychologen das Gefühl, nichts zu wissen, als unangenehm empfinden, sucht sich ein jeder aus dem großen Angebot der wissenschaftlichen Ergebnisse einige, die ihm gerade gefallen, heraus, um sie fortan als sein »Wissen« zu verwenden.

Eine weitere Reaktion auf diese groteske Situation, daß es eine Wissenschaft gibt, die nichts mit Bestimmtheit weiß, ist eine »kritisch wissenschaftliche Einstellung«, die das Prinzip des Zweifels zum Wertmaßstab der Wissenschaftlichkeit erhebt und dadurch eine neue Möglichkeit persönlicher Qualifikation eröffnet.

Ich möchte hier nochmals betonen, daß meine Kritik natürlich nicht die Anhänger der verschiedenen tiefenpsychologischen Schulen betrifft, da man sich in diesen Kreisen nicht so sehr um die »Wissenschaftlichkeit« als um die therapeutische Anwendbarkeit kümmert. Jedoch beschränkt sich die Ausbildung und Forschung der psychoanalytischen Psychologie hauptsächlich auf Privatinstitute, da sie von den Universitäten immer mehr verdrängt wird. Mögen auch die Anschauungen dieser einzelnen Schulen oft recht divergent sein, so fußen sie doch alle auf einem recht einheitlichen Grundkonzept.

An den Universitäten hat man in den letzten Jahren das psychotherapeutische Konzept durch ein »neues« Modell ersetzt, das den Anforderungen der Wissenschaftlichkeit besser entsprechen soll: die Lerntheorie. Die Lerntheorie entwickelte sich aus Tierexperimenten und ist in ihrer Grundkonzeption einfach, um nicht zu sagen banal. Gegen die Lerntheorie selbst wäre grundsätzlich gar nicht soviel einzuwenden, hätte man den Versuch unterlassen, einfache funktionale Zusammenhänge, die man im Tierexperiment erforscht hatte, auf den Menschen zu übertragen und daraus eine Therapie psychischer Störungen abzuleiten. Dieser letzte Schritt, die Entwicklung der Verhaltenstherapie, verwandelt Psychologie in Kriminalität. Der Grundgedanke der Verhaltenstherapie ist einfach: Man geht von der Hypothese aus, daß der Mensch sich bestimmte Verhaltensweisen durch Lernprozesse aneignet. Trifft ein Verhalten mit einem angenehmen Erlebnis zeitlich zusammen, so wird besagtes Verhalten verstärkt, die Wahrscheinlichkeit der Wiederholung des Verhaltens steigt an, während sie beim Zusammentreffen mit einem unangenehmen Erlebnis sinkt.

Diesen Mechanismus kennt jeder aus der Dressur von Tieren: Füttere ich einen Hund jedesmal, wenn er mir die Pfote gibt, mit einem Stück Fleisch, so wird er eher und schneller das »Pfotegeben« lernen, als wenn ich ihn jedesmal bei dieser Handlung schlage. Zeigt ein Mensch ein unerwünschtes Verhalten, wie zum Beispiel eine Neurose, so interpretiert die Verhaltenstherapie dieses Verhalten konsequenterweise als Ergebnis eines Lernprozesses, der nun in der »Therapie« rückgängig gemacht werden soll. Praktisch leitet man einen neuen Lernprozeß ein, indem das unerwünschte Verhalten bestraft und das erwünschte Verhalten belohnt wird. Dieses geschilderte Grundprinzip kann man beliebig modifizieren und kombinieren – eine Beschäftigung, die zur Zeit die Mehrzahl aller Psychologen voll ausfüllt.

Unschwer erkennt man in der Verhaltenstherapie das Comeback eines als veraltet und unmenschlich geltenden Erziehungsstils: Tat ein Kind nicht das, was die Eltern wollten, bestrafte man es so lange, bis es dieses Verhalten aufgab; umgekehrt belohnte man ein Kind für das, was es tun sollte. Genau dieser Vorgang, verkleidet in eine umfangreiche Fachterminologie, ist heute das modernste Behandlungsverfahren für psychische Störungen!

Es ist wohl dem Schamgefühl der Psychologen zu verdanken, daß man heute im Zusammenhang mit Verhaltenstherapie nicht mehr so gern von »Therapie« als von »Intervention« spricht. Die Tatsache, daß man den Verhaltenstherapeuten – statt sie vor Gericht zu stellen – Institute und Geldmittel für ihre »Forschung« zur Verfügung stellt, zeigt, was man heute alles ungestraft machen darf, wenn man das Wort »wissenschaftlich« vor seine Tätigkeit setzt. Was man heute unter der Fahne der Wissenschaftlichkeit treibt, entspricht den Kreuzzügen unter dem Signum der Kirche.

Man mag über eine Entwicklung noch so erbost sein, mir selbst fällt es schwer, den einzelnen Mitläufern der wissenschaftlichen Kreuzzüge böse zu sein. Man versuche sich in die Lage eines Abiturienten zu versetzen, der sich entschlossen hat, Psychologie zu studieren, um die Geheimnisse des Seelenlebens kennenzulernen. Von der Schule gewohnt, gültige Fakten und Gewißheiten gelernt zu haben, begegnet er auf der Universität einer Flut von Theorien, Meinungen und Ergebnissen, die nebeneinander alle gleichgültig oder ungültig sind. Als Handwerkszeug, sich in diesem Chaos zurechtzufinden, lernt er Statistik und Testtheorie. Doch die Diskrepanz zwischen seinen Erwartungen und der gebotenen Realität wird zusehends größer, er sehnt sich nach einem Wissen, das für ihn anwendbar ist. In dieser Situation ist es verständlich, wenn er gierig nach dem einzigen angebotenen Konzept, nämlich der Lerntheorie, greift. Schließlich verspricht sie die Möglichkeit praktischer Anwendbarkeit. Glücklich, überhaupt etwas Konkretes gefunden zu haben, wird er jede Kritik fanatisch abwehren, aus unbewußter Angst, wieder ins Nichts der völligen Orientierungslosigkeit zu fallen. Auf diese Weise erzieht man eine Schar von Gläubigen, die mit echter Überzeugung Dinge vertreten, die einem jeden denkenden Menschen ihre Sinnwidrigkeit ohne Mühe offenbaren.

In diesem Zusammenhang möchte ich den Arzt und Psychotherapeuten Gustav Richard Heyer, einen Schüler C. G. Jungs, zitieren:

»Sehr oft wird mir die Frage gestellt: Wie lernt man Psychotherapie? Darauf könnte man antworten: Vor allem beschäftigen Sie sich vorerst ja nicht mit Psychologie! Statt dessen geben Sie sich mit Pflanzen und Tieren ab, etwa mit Hunden. Es wird gut sein, wenn Sie sich auch Katzen, Vögeln, Kühen und Pferden, ja selbst niederen Tieren widmen. Tiere sind inkarnierte Innenwesen von uns. Zweitens lesen Sie Dichter, lesen Sie die antiken Tragiker. Vergessen Sie auch ja nicht die unergründlichen Quellen der großen Musik! Und, drittens, beschäftigen Sie sich intensiv, voll Herz und Verstand, mit den Mythen der Völker und mit der Psychologie der Primitiven. So werden Sie von innen her erfassen, indem Sie selbst erst einmal erfaßt werden. Dann erst kommt die Verstandesarbeit.« (Heyer, Der Organismus der Seele.)

Wie weit haben wir uns von einer solchen Seelenheilkunde in des Wortes tiefster Bedeutung entfernt! Der psychisch Kranke wird dem Gott Wissenschaft in der Schale der Testtheorie lebendig geopfert. Wäre die Verhaltenstherapie der erste Versuch gewesen, psychische Krankheiten zu therapieren, so wäre sie eventuell entschuldbar; da sie sich jedoch erst nach den großen analytischen Verfahren entwickelte, ist ihre Existenz einfach unverständlich. Mögen die analytischen Theorien auch fehlerhaft und unvollkommen sein, so haben sie uns doch überdeutlich die Symbolhaftigkeit der Symptome für tiefliegende Grundstörungen aufgezeigt. Wenn man solche Erkenntnisse, wie sie vor allem auch C. G. Jung geliefert hat, einfach übergeht und sich anschickt, Symptome mit Krankheiten gleichzusetzen und diese durch Gewaltmaßnahmen zu unterdrücken, so hat ein solches Verfahren nichts mit Unwissenheit zu tun, sondern ist eine Mischung von Dummheit und Bosheit. Eine vergleichbare Unglaublichkeit finden wir beim großen Bruder der Psychotherapie, in der Psychiatrie. Hier ist uns nichts Besseres eingefallen, als die Kranken so lange mit Psychopharmaka zu »behandeln«, bis die Patienten unter der Giftwirkung beim besten Willen nicht mehr fähig sind, Symptome zu produzieren.

Das Verhalten eines Menschen ist der Mittler zwischen seinen eigenen Anlagen und den Erfordernissen der Welt. Gerade über das Verhalten hat der Mensch die Möglichkeit, eigene schwierige Anlagekonstellationen zu verwirklichen. Je schwieriger diese Anlage ist und je spannungsreicher in bezug auf die Außenwelt, desto mehr wird das Verhalten von der Norm abweichen müssen. Modifiziere ich nun dieses Verhalten, so nehme ich dem betreffenden Menschen die einfachste und oft erträglichste Art der Verwirklichung seiner Konstellation. Ich zwinge ihn durch solche Maßnahmen, passiv seinen Wirklichkeitsanteil durch ein Ereignis zu erleben. Wir finden hier wieder den bekannten Vorgang der Symptomverschiebung. Denn solange ich am Verhalten bastele, kann ich lediglich das Symptom verändern, jedoch niemals die Krankheit therapieren.

Die Problemlage der Psychotherapie gleicht also der der Medizin. Denn eine *jede* Krankheit ist psychisch bedingt, unterschiedlich ist nur der Ort der Symptombildung. Deshalb ist eine Unterteilung in somatische und psychische Krankheiten wenig sinnvoll, noch sinnloser allerdings ein unterschiedliches Therapiemodell. In jedem Fall muß ich die Ursache ermitteln; erst dann kann man abwägen, ob es möglich und sinnvoll ist, das Symptom zu beseitigen.

Das Leben ist vergleichbar mit einer Aufgabe: Der Mensch bekommt bei seiner Geburt ein bestimmtes Material (seine Anlagen), das zu erreichende Ziel als Finalität und drittens einen bestimmten Verhaltensmodus, mit dessen Hilfe er aus dem Material das Ziel gestalten muß – was ihm leichter gelingt, wenn Material, Verhaltensmodus und Ziel in einem ausgewogenen Verhältnis zueinander stehen. Je größer die Diskrepanz zwischen zweien dieser drei Variablen ist, um so schwieriger und komplizierter wird sich das Verhalten gestalten müssen, damit dennoch die Lebensaufgabe gelöst wird.

Doch gerade die Menschen mit Schwierigkeiten wenden sich um Hilfe an den Therapeuten. Kennt dieser aber nicht die Gesamtproblematik des Menschen, so wird seine Hilfe die Schwierigkeiten eher vergrößern als verkleinern. Modifiziert der Therapeut zum Beispiel das Verhalten, so verstopft er die einzige Düse, durch die sich die Spannung noch entladen kann. Therapie kann immer nur versuchen, durch das größere Wissen des Therapeuten um die Probleme des Patienten diesen zu größerer Selbsterkenntnis und so zu größerer Bewußtwerdung zu führen. Besonders störende Verhaltensweisen kann man dann eventuell noch innerhalb der Symbolkette durch ein anderes Verhalten ersetzen, wenn dieses neue Verhalten denselben symbolischen Zweck erfüllt wie das alte, jedoch weniger störend ist. Wir nehmen damit eine bewußte Symptomverschiebung vor, beziehungsweise eine Sublimierung.

Da dies kein Lehrbuch für Psychotherapie ist, will ich mich auf eine Aufzählung und bloße Andeutung möglicher Verfahren beschränken. Grundsatz muß immer eine astrologisch fundierte Analyse sein, die dem Therapeuten erst einmal eine objektive Kenntnis der Situation, in der sich ein Patient befindet, vermittelt. Gerade der psychisch kranke Patient muß in seiner Situation verstanden und darf nicht in ein Klassifikationsschema des Therapeuten gepreßt werden. Nicht umsonst fordert Jung immer wieder vom Therapeuten, jedem neuen Patienten ohne Hypothese und Voreingenommenheit lediglich als Mensch gegenüberzutreten. Es gibt keine zwei gleichen Fälle. Wer Systeme erarbeitet, vergewaltigt die Individualität.

Innerhalb des analytischen Geschehens wird man von Fall zu Fall geeignete Verfahren als technische Hilfsmittel zur Unterstützung der Therapie heranziehen können. Das können sein: Traumanalyse, freies Bilden, Hypnose und autogenes Training, Musiktherapie, Homöopathie, Elektroakupunktur, Farbtherapie, Osmologie und ähnliches. Dabei ist es natürlich wichtig, daß der Therapeut weiß, mit was er es zu tun hat, nämlich mit der Seele. Wenigstens der Psychologe sollte über die Psyche Bescheid wissen.

Nur dann kann er gezielt die einzelnen Methoden einsetzen und kann auch ihre Wirkungen und Konsequenzen überblicken.

Man vergißt heute leider, daß der Psychotherapeut meistens die Rolle eines Priesters übernehmen muß. Von ihm wird ein Wissen um die Gesetzmäßigkeit der Welt und des Kosmos gefordert. Denn an den Psychotherapeuten wenden sich nicht nur Menschen, die ein paar neurotische Symptome loswerden wollen, sondern in gleich hoher Zahl Menschen, die frei von äußerer Symptomatik um den Sinn des Lebens ringen. Die Fähigkeit, hier verantwortungsvoll Hilfe zu leisten, ohne den anderen in das eigene System zu pressen und zu einer anderen Überzeugung überreden zu wollen, setzt die Maßstäbe für sinnvolle Psychotherapie.

Wir leben in einer Zeit, in der die psychische Labilität in einem erschreckenden Maße ansteigt. Die Belastungsfähigkeit wird immer geringer – das Bedürfnis nach Hilfe immer dringender. Seitdem die Kirche nicht mehr genug Attraktivität und Vertrauen besitzt, muß die Psychotherapie den Ansturm der Ratlosen auffangen. Sie kann dies aber nur, wenn sie das Können eines Priesters mit dem Wissen eines wahren Psychologen verbindet. Die Universitäten aber züchten Psychologen, die mehr eigene Hilfe brauchen, als daß sie Hilfe geben könnten. Aus dieser Misere kann nur der verstärkte Ausbau privater Ausbildungsinstitute führen, die sich in ihrem Selbstverständnis frei fühlen von dem Klassifizierungszwang »wissenschaftlich« contra »unwissenschaftlich«. Der Patient muß den Mut aufbringen, die Begriffe Wahrheit und Wissenschaftlichkeit zu trennen.

Ich möchte das Thema Psychotherapie nicht abschließen, ohne noch einen kurzen Blick auf die »Primärtherapie« zu werfen, jenes neue Verfahren, das von dem amerikanischen Analytiker Arthur Janov seit 1967 entwickelt wurde, und dessen Buch »Der Urschrei« weltweites Interesse erweckte. Janov selbst nennt den Urschrei einen neuen Weg der Psychotherapie. In dem von ihm gegründeten »Primal Institute« in Los Angeles wurden seit 1970 über sechshundert psychisch kranke Patienten mit dieser Therapie erfolgreich behandelt. Uns interessieren jedoch in diesem Zusammenhang die Erfolge etwas weniger als vielmehr die Frage, wieweit eine bestimmte Theorie oder Methode der Wirklichkeit des

Menschen gerecht wird. Schematisiert dargestellt geht Janov davon aus, daß der Mensch ohne Neurose und Abwehrsystem geboren wird. Aus dem Widerspruch der kindlichen Bedürfnisse zu den Erwartungen der Eltern entsteht ein unbewußter »Urschmerz«, der zur Abkapselung des realen Ichs führt. Das Resultat sind irreale (neurotische) Verhaltensweisen. Die Primärtherapie will diesen Prozeß rückgängig machen, indem sie den Urschmerz aus seiner Abkapselung ins Bewußtsein holt. Ziel und Höhepunkt dieser Therapie ist der Urschrei, jener Schrei, den das Kind einst nicht auszustoßen wagte, um die Liebe der Eltern nicht völlig zu verlieren. Soweit der Grundgedanke Janovs.

Erfreulich an der Primärtherapie ist, daß ihr ein tiefenpsychologisches Konzept zugrunde liegt. Man versucht nicht, am Verhalten herumzubasteln, sondern sucht nach primären Ursachen. Auch die rein technische Seite der Primärtherapie zeigt einige neue und originelle Ideen. Was die Theorie betrifft, so ist die Beurteilung schwieriger, da wir in Deutschland nur sehr geringe direkte Erfahrung mit dem Urschrei haben; so kann auch ich mich nur auf die Monographie Janovs stützen. Janov lehnt es ab, daß man seine Primärtherapie mit der Psychoanalyse in Beziehung bringt. Doch die Ähnlichkeit beider Systeme ist auffallend, was weiter nicht verwunderlich ist, hat doch Janov den Urschrei während einer analytischen Behandlung entdeckt. Sowohl die Psychoanalyse als auch die Primärtherapie suchen die Ursachen einer Neurose in der kindlichen Entwicklung. Während der primärtherapeutischen Behandlung wird dem Neurotiker klar, daß die Schuld für seine eigene irreale Entwicklung in der irrealen Haltung der Eltern liegt.

Genau hier ist der Punkt, wo meine Zweifel und meine Kritik einsetzen. Der therapeutische Erfolg wird offensichtlich dadurch erreicht, daß man Schuld nach außen verlegt. Die Eltern werden zu Figuren, auf die der Neurotiker eigene Schuld beziehungsweise eigene Persönlichkeitsanteile projizieren darf. Dadurch, daß der Therapeut diese Projektion als Realität anerkennt, hat dieser Vorgang den Effekt einer Absolution. Daß eine solche Schuldentlastung befreiend wirkt und geeignet ist, Symptome zum Verschwinden zu bringen, ist bekannt. Doch ist nicht dieses Verhalten genauso irreal wie die Neurose selbst? Letztlich spielt sich alles im

172

Menschen selbst ab. Deshalb sollte Psychotherapie nicht immer nach Schuldigen in der Umwelt des Neurotikers suchen, sondern den Patienten mit all seinen Persönlichkeitsanteilen aussöhnen. Anders kann ich mir den Weg zu einem »ganzen Menschen«, zu einer vollbewußten und harmonischen Persönlichkeit nicht vorstellen. C. G. Jung betont immer wieder, daß die Anerkennung des »Schattens«, jener negativen, eigenen Persönlichkeitsanteile, der erste und schwerste Schritt in jeder Therapie ist. Ich habe den Verdacht, daß die Primärtherapie den leichteren, aber irrealen Weg geht und diesen Schatten auf die Eltern projizieren läßt. Der Urschrei wäre somit das Symbol für den Durchbruch eigener Inhalte, die bisher unter der Kontrolle des Bewußtseins nicht zum Zuge kamen, jetzt aber auf die Eltern projiziert werden dürfen und damit der eigenen Verantwortung entzogen werden.

Parapsychologie

>»Die schönste und tiefste Rührung, die wir empfinden können, ist das Erfahren des Mystischen. Sie ist der Säer aller wahren Wissenschaft. Wem diese Rührung fremd ist, wer sich nicht länger wundern, nicht länger in verwirrter Ehrfurcht dastehen kann, ist so gut wie tot.«
>
> Albert Einstein

Die Psychologie hat ihre eigentliche Aufgabe, sich des von der Naturwissenschaft übersehenen zweiten Pols der Wirklichkeit anzunehmen, leider nicht erkannt und nicht wahrgenommen. Wäre in unserem europäischen Bewußtsein das Gesetz der Dualität genauso tief verankert wie etwa im chinesischen Denken, so wäre es für die Psychologie eine Selbstverständlichkeit gewesen, das Prinzip des Psychischen als eine der Materie polar entgegengesetzte Wirklichkeit zu erkennen und so die Methode der Forschung auf die Eigenheiten des Gegenstandes abzustimmen. Obwohl das Lebenswerk C. G. Jungs bewies, daß diese Art des Vorgehens nicht nur möglich, sondern auch überaus lohnend ist, entschied man sich an den Universitäten doch lieber für den sicheren und bekannten Boden der Materie und sucht die Psyche durch die Analyse physiologischer Abläufe im Gehirn in den wissenschaftlichen Griff zu bekommen.

Tatsache ist jedoch, daß man durch dieses Vorgehen bisher recht wenig in den Griff bekam, weshalb man einen Großteil typisch psychischer Phänomene von vornherein aus dem Forschungsprogramm hinausschob, um durch diese Manipulation die Quote eigener Fündigkeit zu erhöhen. Einige Forscher, denen diese willkürliche Vorwahl des Forschungsgegenstandes wohl nicht ganz legal erschien, nahmen sich dieser von der offiziellen Psychologie verstoßenen Phänomene mitleidvoll an; unter dem bescheidenen Titel »Parapsychologie« versuchten sie, sich als Psychologen »neben der Psychologie« zu behaupten. Dies war anfänglich gar nicht leicht!

Vergleicht man Psychologie und Parapsychologie, so zeigt sich originellerweise, daß sich die beiden Namen zu ihren Inhalten reziprok verhalten: Die Parapsychologie kümmert sich um die eigentlichen Probleme der Psychologie, während die offizielle Psychologie an der Psyche vorbeiforscht und somit eigentlich die Vorsilbe »para« verdient.

Die Parapsychologen bezeichnen den Gegenstand ihres Interesses als »wissenschaftliche Grenzgebiete«. Daraus folgt offensichtlich, daß die Wissenschaft »Grenzen« hat, ein Umstand, der uns sonderbar anmuten muß! Denn wie will eine Wissenschaft durch ihre Ergebnisse jemals »die Wahrheit« abbilden können, wenn sie sich »Grenzen« setzt. Eine Wahrheit muß alles umfassen, oder sie ist keine Wahrheit. Eine begrenzte Wahrheit ist ein Widerspruch in sich selbst. So ist es nur zu verständlich, daß die Arbeit der Parapsychologen von Anfang an unter der mißtrauischen Beobachtung derer stand, die sich innerhalb der Grenzen zu Hause fühlten.

Dieses ironische Mißtrauen der offiziellen Wissenschaft war es dann auch, was die Entwicklung der Parapsychologie in eine bestimmte Richtung lenkte. Ständig gezwungen, um die Anerkennung als »Auch-Wissenschaftler« zu kämpfen, versuchten die Parapsychologen, durch Anwendung der üblichen wissenschaftlichen Methoden wie Statistik, Einsatz von Meßinstrumenten, exakten Versuchsplänen und ähnliches die »Unwissenschaftlichkeit« ihres Forschungsgegenstandes etwas auszugleichen. Dem Vorwurf der Kritiklosigkeit und Leichtgläubigkeit versuchte man durch die in der Wissenschaft übliche Skepsis zu entkommen. Ausgerüstet mit dem methodischen Werkzeug und den theoretischen Denkmodellen einer materialistischen Naturwissenschaft, machten sich die Parapsychologen an die Arbeit, die nichtmaterialistische Wirklichkeit zu erforschen. Diesem Vorgehen entspricht etwa ein Mann, der, mit einem Meterstab ausgerüstet, auszieht, um Temperatur zu messen.

In der Zwischenzeit liegen bereits einige Ergebnisse vor: So wurde z. B. »wissenschaftlich exakt« bewiesen, daß es Telepathie gibt. Der Beweis sieht etwa so aus:

Man benutzte ein Kartenspiel, das anstelle der üblichen Karten-bilder die fünf geometrischen Figuren Kreuz, Kreis, Quadrat, Dreieck und Wellenlinie trug. Ein solches sogenanntes ESP-Spiel wurde nun vom Versuchsleiter gemischt und jeweils eine Karte verdeckt aufgelegt. Man ließ Personen, die mediale Fähigkeiten vermuten ließen, das Symbol der jeweiligen Karte »erraten«. Die statistische Auswertung dieser Experimente ergab, daß die Tref-ferquote signifikant über der Wahrscheinlichkeitsquote lag. Die-ses Ergebnis berechtigt, neben den Zufall des Erratens noch einen systematischen Faktor anzunehmen, den man Telepathie nennt. Somit ist Telepathie wissenschaftlich bewiesen.

Nun würde mich aber die Effektivität dieser wissenschaftlichen Erkenntnis sehr interessieren. Wem bringt dieser Beweis etwas? Derjenige, der sich für Telepathie interessiert, hatte schon immer die Möglichkeit, sich von ihrer Existenz zu überzeugen; er be-durfte keines statistischen Beweises. Die Gegner aber leugnen die Möglichkeit der Telepathie nach wie vor. Der Aufwand einer sol-chen Untersuchung hat also keinen anderen Nutzen als den, durch die Quantifizierbarkeit eines an sich schon immer vorhandenen Phänomens diesem das Prädikat »wissenschaftlich bewiesen« ver-leihen zu können. Doch was bringt dieses Prädikat? Die Telepa-thie kümmert sich um dieses Prädikat bestimmt nicht. Ein Baum ist aufgrund seines Selbstverständnisses immer ein Baum, egal, ob ein Wissenschaftler ihn zum Gegenstand seiner Neugierde macht oder nicht. Der Baum wäre auch dann noch Baum, falls über ihn das Urteil »unwissenschaftlich« gefällt würde.

Was ich damit sagen will, ist, daß sich die Realität niemals um die Beurteilung durch den Menschen kümmert. Naturwissen-schaftler versuchen immer, durch ihr Urteil zu bestimmen, was Realität ist und was nicht. Doch die Wirklichkeit ist, unabhängig von jeglicher Klassifizierung, stets die gleiche. Das Problem zwi-schen wahr und falsch spielt sich immer und ausschließlich im Menschen ab, tangiert aber niemals die Wirklichkeit. Wirklichkeit entsteht nicht durch Mehrheitsbeschluß. Dies aber scheinen die meisten Menschen zu glauben, argumentieren sie doch immer da-mit, daß schließlich »fast alle Wissenschaftler der gleichen Mei-nung seien«. Was soll dieses Argument? In welcher Beziehung steht die Quantität der Meinungen zur Realität? Wenn sich jemand irrt, so ist dies ausschließlich das Problem dessen, der sich irrt. Deshalb ist es unverständlich, warum alle nach wissenschaftlicher Anerkennung streben und solche Angst vor wissenschaftlicher Kritik haben.

Wenn heute die Wissenschaft die Astrologie für Unsinn hält, dann liegt darin ein Problem der Wissenschaftler, bestimmt nicht eines der Astrologen. Deshalb halte ich es für unsinnig, daß die Parapsychologie ihre Kraft damit vergeudet, sich um wissenschaftliche Anerkennung von Dingen zu bemühen, die ohne diese Anerkennung genauso existieren. In einen Satz komprimiert: Was nützt es einem Parapsychologen, wenn er Hellsehen wissenschaftlich bewiesen hat, selbst aber nicht hellsehen kann? Döbereiner definiert Naturwissenschaft mit der Formel: »Sicherheit aus Skepsis«. Skepsis mag recht gut sein, wenn sie aber zum Selbstzweck wird, ist sie krankhaft. Skepsis als Ausgangspunkt und Ziel allen Handelns – diesem Prinzip hat sich leider auch die Parapsychologie untergeordnet. Schade – denn der Gegenstand ihres Forschens wäre es wert, nicht nur funktional bewiesen, sondern auch verstanden zu werden. Zweifellos bleibt es ein Verdienst der Parapsychologie, daß sie das Interesse breiter Schichten für bislang als okkult geltende Vorgänge geweckt hat. Zur Zeit ist diese allgemeine Beschäftigung mit parapsychologischen Problemen sogar besonders groß. Hier liegt neben dem erfreulichen Aspekt auch wieder eine Gefahr. Denn außer einer reichhaltigen Sammlung von Phänomenen und einigen Hypothesen kann die Parapsychologie dem nach Wahrheit suchenden Interessenten leider kein verbindliches Weltbild vorlegen. So reihen sich die parapsychologischen Ergebnisse lediglich in die endlose Kette der allgemeinen wissenschaftlichen Einzelergebnisse ein, ohne jegliche Verbindlichkeit für das Leben und Handeln des einzelnen.

Nach so reichlicher Kritik an den Wissenschaften mag vielleicht der Eindruck entstehen, ich hätte das Prinzip der Kritik zum Selbstzweck erhoben und fände deshalb in jeder »wissenschaftlichen Suppe« ein Haar. Wenn dieser Eindruck entstanden ist, so ist meine Absicht am Ziel vorbeigelaufen. Meine Kritik sollte lediglich als formale Hilfe dienen, die praktische Bedeutung der in diesem Buch behandelten Themen aufzuzeigen, weil ich den Eindruck habe, daß die meisten Menschen glauben, Esoterik sei ein nettes Hobby für realitätsfremde Menschen, im täglichen Leben sei es jedoch völlig irrelevant, ob es nun ein Leben nach dem Tode gebe oder nicht. Diesen häufigen Irrtum aufzuklären, war meine Absicht, wenn ich den krassen Gegensatz skizzierte, der zwischen den Resultaten zweier völlig verschiedener Weltbilder entsteht.

Meine Kritik will nicht die Wissenschaft verändern – ein solches Unternehmen wäre unmöglich, weshalb auch jeder Versuch von vornherein sinnlos ist. Man kann lediglich abwarten, bis die Wissenschaft durch ihre eigenen Ergebnisse sich selbst vernichtet. Dieser Zeitpunkt ist bereits so nahe, daß man getrost abwarten kann. Die vielen futurologischen Bücher, die eine kontinuierliche Weiterentwicklung der Naturwissenschaft und Technik als Grundlage ihrer Vorhersagen benützen, werden noch in diesem Jahrzehnt von der Realität antiquiert werden. In Anbetracht dieser Entwicklung halte ich es für notwendig, dem sogenannten »Verbraucher«, dem Menschen, der sein Vertrauen bisher der Wissenschaft geschenkt hat, rechtzeitig ein Gegenangebot zu machen. Das wissenschaftliche Weltbild ist bekannt. Ich habe versucht, das esoterische Weltbild in einigen mir wichtig erscheinenden Aspekten zu umreißen und vom ersteren abzugrenzen. Nur wer beide kennt, kann sich entscheiden. Wissenschaftliches Denken und Forschen muß nicht notgedrungen falsch sein. Doch die Wirklichkeit fordert, daß wir bei diesem Vorgehen immer beide Pole der Realität berücksichtigen. Die Alternative heißt also nicht: entweder rationales Denken oder religiöse Schwärmerei und Aberglauben. Vielmehr muß ein echt wissenschaftliches Forschen harmonisch beide Pole der Dualität Materie und Psyche erkennen und aufeinander beziehen. Daß ein solches Vorgehen möglich ist und zu anwendbaren Ergebnissen führt, zeigt die anthroposophische Wissenschaft. Sie ist ein Musterbeispiel dafür, wie man die naturwissenschaftliche Methode mit den Erkenntnissen des Geistes in Einklang bringen kann. Die von Rudolf Steiner begründeten Geisteswissenschaften, weitergeführt von naturwissenschaftlich ausgebildeten und anthroposophisch geschulten Forschern, haben in den Sektionen Mathematik, Astronomie, Medizin, Pädagogik, Sozialwissenschaft und Landwirtschaft ein eigenes großartiges Lehrgebäude entwickelt, dessen Ergebnisse genauso praktisch anwendbar sind wie die der Schulwissenschaften, jedoch im Unterschied zu diesen die Gesamtheit der Wirklichkeit erfassen, wodurch Nebenwirkungen und Irrtümer größeren Stils vermieden werden.

Der Grund, warum die anthroposophische Wissenschaft allen Irrtümern der anderen Wissenschaften so souverän entgehen konnte, liegt in dem umfassenden Lehrwerk Rudolf Steiners, der aus einer seherischen Intuition heraus ein alle Gebiete umfassendes Weltbild entwarf, das als Ausgangspunkt und Leitlinie für die weitere Forschung diente. Die anthroposophische Forschung mußte sich also nicht an Einzelphänomenen orientieren und sich zwangsläufig im Detail verlieren wie ihre offiziellen Kollegen, denn sie hatte bereits den Stellenwert ihrer Resultate in der Gesamtheit von Steiner als Ausgangsbasis geliefert bekommen. Sie brauchte nur noch die in den Raum gestellten Behauptungen Steiners mit experimentellen Methoden nachzuprüfen und in die Anwendbarkeit umzusetzen. Die Tatsache, daß alle Behauptungen, zu denen Steiner selbst auf rein geistigem Erkenntnisweg gelangt war, nachträglich mit den üblichen wissenschaftlichen Methoden bestätigt werden konnten, zeigt überdeutlich, daß die naturwissenschaftliche Methode keinesfalls die einzige Möglichkeit ist, die Wirklichkeit zu erforschen, sondern daß es parallel dazu auch eine geistige Erkenntnis gibt, die in ihrer Exaktheit der wissenschaftlichen mindestens ebenbürtig ist.

Vernünftige Wissenschaft braucht als Ausgangspunkt und Leitlinie wohl immer ein geistig geschautes Weltbild, will sie sich nicht in ihren eigenen Irrtümern verlieren. Seitdem es anthroposophische Wissenschaft gibt, ist das Argument, man könne diese beiden Dinge nicht miteinander verbinden, nicht nur entkräftet, sondern sogar ins Gegenteil gekehrt worden.

Das Schicksal

> »Wenn fünfzig Millionen Menschen etwas Dummes sagen, bleibt es
> trotzdem eine Dummheit.«
>
> Anatole France

Wie ein roter Faden begleitete uns bisher der Begriff des Schicksals. Ich halte es für nützlich, in diesem Kapitel, in dem es um die »Anwendbarkeit« geht, das Problem des Schicksals noch einmal aufzufächern. Denn gerade in der Praxis bereitet es bei der Beurteilung bestimmter Probleme besondere Schwierigkeiten.

Ich versuchte im zweiten Teil dieses Buches darzustellen, daß Schicksal immer Form eines selbstgesetzten Inhaltes ist. Das Schicksal eines Lebens ist Auswirkung des vorigen Lebens, einzelne Schicksalsereignisse sind Resultate unseres Handelns bzw. unseres Verhaltens. Ferner müssen wir auch berücksichtigen, daß der Mensch einer Finalität entgegengeht. Kennt jedoch der Mensch seine Finalität nicht, so muß oft ein schicksalhaftes Ereignis diesen Menschen seiner Bestimmung näherbringen. Schicksal ist also der individuellste und ureigenste Besitz eines Menschen. Deshalb ist es notwendig, ja unerläßlich, daß der einzelne eine enge innere Beziehung zu seinem eigenen Schicksal hat, daß er es versteht und *mit* ihm lebt, damit er dessen Sinnhaftigkeit wahrnehmen kann.

Leider fehlt dem Menschen unserer Zeit diese Beziehung zu seinem Schicksal meist völlig. Durch den Zufallsbegriff und durch das funktionale Denkmodell der Wissenschaft wurde der Mensch aus seinem Schicksal entwurzelt. Der moderne Mensch erlebt das Schicksal nicht mehr als sein Eigentum, sondern als etwas Fremdes, das von außen auf ihn zukommt und ihn bedroht. So wurde es zur Hauptbeschäftigung unserer Gesellschaft, Schicksal zu manipulieren. Man schafft immer neue Möglichkeiten, Methoden und

Institutionen, um sein Schicksal von anderen verwalten und »neutralisieren« zu lassen. Die Beispiele für dieses Vorgehen sind so unermeßlich zahlreich, daß ich nur einige herausgreife, um die Konsequenzen eines richtigen Schicksalsbegriffs für unser menschliches Zusammenleben deutlich werden zu lassen. Dabei wird es sich kaum vermeiden lassen, daß einige dieser Beispiele etwas schockierend wirken, weil sie dem gewohnten Denken meist konträr gegenüberstehen. Doch die Gewohnheit des Denkens sagt bekanntlich nichts über dessen Richtigkeit aus.

Bei der Beurteilung der Medizin und Psychologie streiften wir bereits das Problem, wieweit es einem Therapeuten gestattet ist, in Schicksalsabläufe einzugreifen. Nun gehört »Kranksein« bestimmt zum Schicksal. Krankheit ist entweder Korrektur oder Aufforderung, beziehungsweise beides gleichzeitig. Überdies kann Krankheit, besonders wenn sie bleibende Folgen mit sich bringt, auch Anlaß sein, seine eigene Bestimmung zu finden, etwa durch einen notwendig gewordenen Berufswechsel oder ähnliches. Auf gar keinen Fall ist Krankheit eine zufällige Störung, die man möglichst schnell »bekämpfen« muß. Für Unfälle gilt das gleiche. Kein Mensch verunglückt zufällig.

Viele Leute glauben, es gäbe nichts Dringlicheres und Nützlicheres, als Krankheiten und Unfälle zu verhüten. Was für den Einzelmenschen gilt, ist auch für große Gemeinschaften gültig, denn auch Gemeinschaften haben *ihr* Schicksal. So gehen ganze Städte und Landschaften an Erdbeben, Überschwemmungen und Seuchen zugrunde. Auch hier waltet ein gerechtes Schicksal. Wenn viele diese Gerechtigkeit und Sinnhaftigkeit nicht verstehen können, so ist daran nicht das Schicksal schuld.

Die Reihe grauenhafter Ereignisse läßt sich mühelos fortsetzen: Menschen werden ermordet, Flugzeuge stürzen ab, ganze Volksstämme verhungern usw. Fast reflexartig verurteilt man diese Ereignisse als etwas, was eigentlich nicht sein sollte und nicht sein darf. Sofort versucht man Lösungen zu finden, die in Zukunft solche Vorkommnisse verhindern sollen. Doch trotz all dieser immensen Bemühungen scheinen die Schrecken auf der Welt sich nicht zu verringern. Sollte dies nicht zu denken geben? Es ist höchste Zeit, daß wir wieder die Beziehung zum Schicksal gewinnen, wie sie dem numinosen und dem religiösen Menschen eine Selbstverständlichkeit war.

Der sogenannte Primitive erlebte alles Gute und Schlechte als etwas, was von etwas Heiligem kommt. Dabei projizierte er sein Unbewußtes nach außen, personifizierte es und gab ihm einen Gottesnamen. Dieser Vorgang ist völlig legal, da trotz der Projektion das Schicksal als selbst verschuldet – im guten oder schlechten Sinne – erlebt wurde. Wenn der religiöse Mensch das Schicksal als Lohn oder Strafe Gottes empfindet, erkennt er hiermit die Eigenverantwortlichkeit für sein Schicksal an und bleibt mit ihm versöhnt. Wie kann ich einem Schicksal unversöhnlich gegenüberstehen, wenn ich weiß, daß es die Frucht meines eigenen Handelns ist? Nur der entwurzelte Mensch kämpft gegen sein Schicksal. Wer heute die Gemeinschaft auffordert, die Reglementierung seines Schicksals zu übernehmen, zeigt damit nur die unbewußte Angst vor seinen eigenen Inhalten.

Hier berühren wir das Problem der sozialistischen Gesellschaftsordnung. Sozialismus kann nur dort entstehen, wo entwurzelte Menschen nicht mehr den Mut haben, die Folgen ihrer eigenen Inhalte einzulösen. Wenn man nicht mehr bereit ist, sein eigenes Schicksal zu erleben, ruft man nach einer Organisation, die das Schicksal reguliert und nivelliert. Sozialismus ist die Angst vor sich selbst – etikettiert mit der Aufschrift Gerechtigkeit. Nun haben alle, die nach Gerechtigkeit rufen, vor nichts soviel Angst wie vor der Gerechtigkeit! Das Schicksal ist immer gerecht, weil es gesetzmäßig funktioniert. Wer Gerechtigkeit liebt, muß es daher hinnehmen können, daß der eine arm und der andere reich ist. Ein Mensch, der richtig und gesetzmäßig lebt, braucht sich vor nichts zu fürchten, deshalb braucht er auch keinen Staat, der ihm im Krankheitsfall eine Prämie auszahlt, ihn vor dem Verhungern schützt und vor Mördern bewahrt. Eines solchen staatlichen Schutzes glauben nur die zu bedürfen, die so miserable Inhalte setzen, daß sie ständig auf der Flucht vor sich selbst sind.

Sozialismus ist eine notwendige Folge auf das naturwissenschaftliche Denken. Erst durch die Entwurzelung des Menschen aus einem geordneten Kosmos wird er gezwungen, die Verwaltung seines Schicksals dem Staat zu übertragen. Sozialismus ist Angst vor der eigenen Verantwortung. Doch alle Maßnahmen, Schicksal funktional zu regulieren, nützen leider nichts. Deshalb gibt es auch in den sozialistischen Staaten weiterhin Mächtige und Verfolgte, Arme und Reiche. Deshalb wird es auch weiterhin Krankheit und Unfälle, Naturkatastrophen und Hungersnöte geben. Je mehr man versucht, durch äußere Manipulationen das Schicksal zu beeinflussen, desto kompliziertere Wege muß es begehen, um sich verwirklichen zu können. Dadurch wird Schicksal bestimmt nicht angenehmer.

Deshalb sollten die Menschen den Kampf gegen das Schicksal aufgeben und es als ihr eigenes Produkt lieben lernen. Dann wird es einfach, das Schicksal zu manipulieren: Ich brauche nur so zu leben, daß ich getrost den formalen Auswirkungen meiner gesetzten Inhalte entgegensehen kann. Dann bekommt auch die alte Forderung fast aller Religionen: »Liebe deinen Nächsten«, wieder ihren Sinn. Denn wenn ich weiß, daß mir nur Dinge zustoßen können, die ich selbst gesät habe, so erkenne ich im »Nächsten« einen Menschen, der mir hilft, Schicksal zu verwirklichen, beziehungsweise meine eigene Situation zu erkennen. Ob dieser »Nächste« der gute Freund, ein Betrüger oder Mörder ist – was ich erlebe, ist immer mein Schicksal –, der »andere« kann immer nur Vermittler sein. Alle Menschen, die schnell verurteilen, sollten bedenken, daß sie dieses Urteil über ein Stück ihrer eigenen Persönlichkeit fällen; denn man kann in der Außenwelt nur das erleben, wofür man innerlich reif ist.

Daraus ergibt sich als erstes die Forderung, Schicksal geschehen zu lassen, ohne gleich nach Möglichkeiten des Eingreifens zu suchen. Ich plädiere jedoch nicht für einen völligen Fatalismus und für ein apathisches Warten auf das, was sowieso geschieht. Ein solcher Vorwurf würde übersehen, daß ich das Schicksal als von den Menschen selbst erzeugt bezeichnet habe. Die Konsequenz ist, daß die Gestaltung des Schicksals zu einer der wichtigsten Aufgaben eines jeden einzelnen wird.

Der Weg

»Die geraten ins Dunkel, die sich nur mit der Erkenntnis des Endli-
chen beschäftigen, aber die geraten in ein noch größeres Dunkel,
die sich nur mit der Erkenntnis des Unendlichen beschäftigen.

Die geraten ins Dunkel, die nur nach dem Vergänglichen streben. Aber die geraten in noch tieferes Dunkel, die nur nach dem
Ewigen streben.

Wer da weiß, daß Vergängliches und Ewiges eins sind, der über-
schreitet den Abgrund des Todes.«

Ischa – Upanishad

Es ist mir bekannt, auf welch starken emotionalen Widerstand all
das, was ich bisher gesagt habe, stößt. Die verschiedensten und wi-
dersprüchlichsten wissenschaftlichen Theorien diskutiert man mit
relativer Gelassenheit; stehen jedoch astrologische und esoterische Themen zur Diskussion, erhitzen sich die Gemüter über das
gewohnte Maß hinaus. Es ist eindrucksvoll zu beobachten, mit
welch großem Aufwand ein Abwehrmechanismus in Gang gesetzt
wird, der sich nicht scheut, auch noch die abwegigsten Argumente
in seinen Dienst zu stellen.

Dieser Abwehrmechanismus hat die Funktion, ein neurotisches
Gleichgewicht aufrechtzuerhalten. Worin sieht das Unbewußte
vieler Menschen die Gefahr der astrologischen Argumentation?
Die Antwort ist einfach: in der Verbindlichkeit. Mit anderen Worten, ein Mensch, der sein Leben lang gewohnt war, sein Leben
mehr oder weniger als Ergebnis der vielen äußeren Umstände zu
empfinden, ein Mensch, der glaubt, unter dem Druck der Ereignisse seine großen und hohen Ideale und Ziele nicht verwirklichen
zu können, sträubt sich unbewußt gegen ein Wirklichkeitsmodell,
das ihm die gesamte Verantwortung für sein Leben anlastet.

Wenn auch viele Leute anfänglich die Konsequenzen der esoterischen Lehren übersehen, so ahnt das Unbewußte wesentlich

schneller, daß sich die Gestaltung des Lebens mit der Anerkennung der Astrologie völlig umwandeln müßte. Hier allein liegt der Grund, warum es so schwer ist, der Astrologie und ähnlichen Verfahren offizielle Anerkennung zu verschaffen.

Eine Theorie kann noch so dumm sein, ihrem Siegeszug wird nichts im Wege stehen, wenn sie für den einzelnen unverbindlich ist. Die Astrologie aber ist verbindlich. Alle esoterischen Lehren sind verbindlich. Vor nichts aber hat der moderne Mensch so viel Angst. Deshalb versucht die Mehrzahl der modernen Astrologen, diese Verbindlichkeit aus der Astrologie zu streichen und sie über die funktionale Anwendbarkeit der Wissenschaft anzugleichen. Solange ich einen Patienten mit Auskünften tröste wie etwa: »Ihnen geht es zur Zeit schlecht, weil Sie der Übeltäter Saturn schlecht bestrahlt – warten Sie noch einen Monat, dann bringt der Jupiter wieder alles in Ordnung!« – solange ich günstige und ungünstige Zeiten für Lottospiele berechne, so lange ist auch die Astrologie beliebt, da sie den einzelnen nicht weiter tangiert; er hat wieder einen »Schuldigen« für sein Schicksal gefunden, den »Saturn«...

Wird heute auch die Astrologie überwiegend auf dieser Ebene betrieben, so ist diese Anpassung ebenso verantwortungslos wie zum Beispiel die Verhaltenstherapie. Auch Astrologen und Esoteriker fallen häufig dem Zeitgeist zum Opfer. Deshalb sollte man sich auch davor hüten, all die Leute, die unter dem Firmennamen der Esoterik und Astrologie lautstark an die Öffentlichkeit treten, immer als Maßstab zur Beurteilung esoterischen Gedankenguts zu nehmen. In jeder Zunft gibt es schwarze Schafe. Vielleicht gibt es in esoterischen Kreisen besonders viele. Das mag am Thema liegen, das viele Neurotiker und Pseudogelehrte anzieht. Gerade der Neurotiker fühlt sich von den esoterischen Lehren sehr stark angesprochen; doch nur selten wird ohne fachkundige Führung einem solchen Menschen die bewußte Verarbeitung der esoterischen Inhalte gelingen. Es ist deshalb nicht verwunderlich, daß sich auf diese Weise die abenteuerlichsten Zirkel bilden, die versuchen, der Öffentlichkeit einen »repräsentativen Eindruck« über Esoterik zu vermitteln. Auch reizt gerade die Astrologie viele Leute, ihre fehlende akademische Bildung über den Umweg des astrologischen Priesters zu kompensieren und ihre eigene Erlebnisunfähigkeit über das Schicksal der anderen aufzubessern. Man sollte sich daher hüten, von den Vertretern esoterischer Lehren auf deren Inhalte zu schließen. Gerade in der Esoterik hört man von den wahren und großen Meistern in der Öffentlichkeit sehr wenig, genauso wie man in Indien Fakire an jeder Straßenecke antrifft, die großen Yogis jedoch bestenfalls nach jahrelangem Suchen findet.

Während ich im dritten Teil dieses Buches die Konsequenzen astrologischer und esoterischer Überlegungen in bezug auf die funktionale Anwendbarkeit darzustellen versuchte, soll dieser letzte Teil die Verbindlichkeit für das persönliche Leben herausstellen. Was ich in diesem Buch darlege, sind keine Theorien, über die man diskutieren kann, die man glauben oder nicht glauben kann. Ob jemand meine Behauptungen glaubt oder sich lieber der Meinung meiner Gegner anschließt, ist völlig gleichgültig; in beiden Fällen würde er etwas glauben, was andere behaupten. Gewißheit erlangt er erst dann, wenn er selbst die Wahrheit erkundet. Dieser Weg ist zwar mühseliger und zeitraubender, als wenn er sich einfach einer Meinung anschließt, doch das Ergebnis solcher Mühen ist, daß er etwas *weiß*.

Diesen Weg, selbst »Wissender« zu werden, kann ihm niemand abnehmen. So, wie kein anderer für ihn essen oder schlafen kann, so kann ihm auch kein anderer den Weg zu Wissen und Erkenntnis abnehmen. Esoterik ist ein Weg und keine »Wissensdisziplin« im üblichen Sinne. Deshalb haben sich auch die Inhalte der Esoterik in den letzten paar tausend Jahren nicht geändert. Weiterentwickeln können sich bestenfalls die rein technischen Verfahren, mit deren Hilfe man dieses Wissen praktisch anwenden kann. Man kann die Methoden der astrologischen Berechnungen verbessern, man kann im alchemistischen Labor moderne Apparaturen verwenden – der Weg, den der einzelne gehen muß, ist heute dennoch der gleiche wie vor fünftausend Jahren. Ich habe manchmal den Eindruck, daß viele Menschen immer noch auf »Ergebnisse« der Esoterik warten, die sie einfach übernehmen und auswerten können. Diese Ergebnisse werden sie nie bekommen, weil sie jeder für sich erarbeiten muß. Angenommen, ein Alchemist könnte aufgrund seiner lebenslangen Arbeit schließlich Blei in Gold verwandeln, so könnte nur er es – als Ausdruck seiner Herrschaft über die Materie. Dadurch wäre jedoch noch lange kein neues Verfahren entdeckt, das es auch anderen ermöglicht, das gleiche zu tun.

Jeder Mensch, der sich die Zeit nimmt, über sich und das Leben nachzudenken, wird auf die gleichen fundamentalen Fragen stoßen: Wenn er sich ehrlich und ohne alle Vorurteile Rechenschaft über das, was er von sich und der Welt weiß, ablegt, wird er etwa zu folgendem Resultat kommen:

Ich weiß, daß ich existiere. Ich stelle fest, daß ich in meinem Denken und Handeln ein begrenztes Wesen bin. Daraus kann ich schließen, daß es auch etwas Unbegrenztes geben muß, das ich jedoch in meiner Begrenztheit niemals ganz erfassen kann. Außer mir gibt es noch andere Dinge und Wesen. Diese Dinge und Wesen, die mich umgeben und mit denen ich es im täglichen Leben zu tun habe, sind aus Materie. Daraus ergeben sich folgende wichtigen Fragen: Wer bin ich, warum bin ich, und warum bin ich so, wie ich bin? Woher komme ich, und wohin werde ich gehen? In welchem Verwandtschaftsverhältnis stehe ich zu den mich umgebenden Dingen und Wesen? Was ist Materie, und wie kann ich sie beherrschen? Was ist der Sinn meines Lebens, und was geschieht nach meinem Tod?

Wer sich diese Fragen nicht stellt, lebt an seinem Leben vorbei. Deshalb sollten auch alle Theorien, Philosophien und sonstige Systeme daran gemessen werden, ob sie diese Fragen befriedigend beantworten können. Ich räume ein, daß die Beantwortung dieser Fragen nicht gerade leicht ist, doch die Behauptung, es gäbe keine gültigen Antworten auf diese Fragen, ist falsch und stammt von Leuten, die zu faul sind, sie zu suchen.

Da diese Fragen, die das Leben an sich betreffen, so alt wie die Menschheit sind, jedoch, solange es Menschen geben wird, niemals an Aktualität verlieren können, lohnt es sich, zuallererst einmal zu prüfen, welche Wege die Menschen vor uns gegangen sind, um Antworten auf diese Fragen zu finden. Wir neigen dazu, alle Menschen vor uns für primitive, leichtgläubige und etwas dumme Wirrköpfe zu halten. Bei näherer und ehrlicherer Beurteilung der Leistungen früherer Hochkulturen entdecken wir jedoch nicht nur auf »technischem« Gebiet Dinge, die uns vor unlösbare Rätsel stellen (z. B. Steintransport für Obelisken und Pyramiden usw.), sondern wir entdecken auch eine große Anzahl von Systemen, die offensichtlich zur Beantwortung der obigen Fragen führten. Solche Systeme sind z. B. die Astrologie, die Chirologie (das Lesen der Handlinien), die Kabbala und der Tarot, die Kartomantie, der I Ging, die Runen, die Numerologie, Alchemie und der Yoga.

Es gibt lediglich zwei Möglichkeiten: Entweder diese alten Systeme sind falsch und führen zu keiner wahren Antwort auf die gestellten Fragen, oder sie sind brauchbar und erfüllen ihren Zweck. Diese Entscheidung kann man aber erst dann fällen, wenn man die einzelnen Systeme genau kennt und mit ihnen gearbeitet hat. Es ist immerhin bemerkenswert, daß alle Kenner dieser einzelnen Systeme einstimmig behaupten, daß sie funktionieren und zur Antwort der gestellten Fragen führen, die Kritik jedoch ausschließlich von Leuten stammt, die sich niemals die Mühe gemacht haben, auch nur eins dieser Systeme näher kennenzulernen. Der nächste bemerkenswerte Punkt ist, daß alle diese Systeme, obwohl sie aus den verschiedensten Kulturkreisen stammen und die verschiedensten Phänomene als Ausgangsbasis benutzen, doch alle zu denselben Endresultaten führen. Mit anderen Worten: Die anfänglich so verschieden anmutenden Systeme geben in ihren Konsequenzen alle die gleichen Antworten auf die gestellten Fragen.

Daher ist es sinnlos, über die Behauptungen dieses Buches zu diskutieren. Wer die angeschnittenen Probleme als für sein Leben wichtig empfindet, muß sich wohl oder übel auf den Weg machen, um meine Behauptungen selbst zu überprüfen. Nur was er durch eigene Erfahrung erkannt hat, kann er zu seinem Wissen zählen. Wenn die Probleme jedoch nicht wichtig genug erscheinen, wird man sich diese Mühe nicht machen und so weiterleben wie bisher – jedoch sollte man dann auch kein Urteil über diese Dinge fällen!

Dieses Buch will niemanden bekehren oder einen neuen Glauben verbreiten, es will lediglich dem naturwissenschaftlichen Denksystem ein Angebot entgegensetzen und dadurch all diejenigen, die auf der Suche sind, auf einen vorhandenen Weg hinweisen. Ich betone das Wort *hinweisen,* denn gehen muß jeder diesen Weg selbst. Niemand auf der Welt kann ihm diese Arbeit abnehmen. Das Ziel dieses Weges ist der vollkommene Mensch, der

Weise. Mag das Ziel auch noch so weit entfernt sein, wichtig ist allein der Entschluß, den Weg überhaupt erst einmal einzuschlagen. Dieser Weg ist kein Weg der Entsagung, dieser Weg fordert nicht die Abkehr von der Fülle des Lebens. Im Gegenteil – dieser Weg führt in die Fülle des Lebens hinein.

Wer glaubt, daß man das Ziel der Vollkommenheit nur dadurch erreichen kann, daß man sich einen Sack umhängt und in den Wald geht, irrt. Voraussetzung für ein glückliches, harmonisches und erfolgreiches Leben ist, daß man sich selbst und die Gesetze, denen man unterworfen ist, erkennt. Mit der Erkenntnis der Gesetze beginnt die Freiheit und die Macht über die Gesetze. Denn erst wenn der Müller die Gesetze des Wassers kennt, kann er sein Mühlrad so anbringen, daß es vom Wasser angetrieben wird. Erst wenn ich das Gesetz von Inhalt und Form verstanden habe, bin ich nicht mehr dem blind erscheinenden Schicksal ausgeliefert, sondern kann beginnen, mein Leben selbst und bewußt zu gestalten.

Der Weg ist im Prinzip immer der gleiche: Der Mensch muß sich seiner unbewußten Inhalte und Potenzen bewußt werden und so sein eigenes Selbst finden. C. G. Jung nannte diesen Vorgang den Weg der Individuation. Jung zeigte in seinem Buch »Psychologie und Alchemie« anhand einer über hundert Träume umfassenden Serie eines einzigen Patienten, daß die Symbolik, die dieses Unbewußte beim Vorgang der Individuation erzeugt, genau der Symbolik der Alchemie entspricht, obgleich der Patient von diesem Gebiet nie etwas erfahren oder gewußt hatte. Wir erkennen hier die Allgemeingültigkeit der Symbole, die unabhängig von bewußtem Bildungsstand und Wissen immer und zu allen Zeiten die gleichen sind. Deshalb ist die Alchemie auch so lange gültig, solange es Menschen gibt, und wird nie überholt werden können.

Auch C. G. Jung hat die Individuation nicht erfunden, sondern bei der Behandlung seiner Patienten immer wieder feststellen können, daß sich an einem bestimmten Punkt der Therapie eine eigenartige, zielgerichtete Dynamik des Unbewußten manifestiert, die aus eigenem Bestreben heraus den Menschen zur größeren Bewußtheit führt. Diesen Vorgang nannte er Individuation. Ich erwähne sie deshalb, damit nicht der Eindruck entsteht, einige Leute wollten die Menschen irgendwohin führen und nach ihren eigenartigen Ideen umwandeln. Der Trieb zur Bewußtwerdung ist potentiell in jedem Menschen vorhanden und daher ein natürlicher Vorgang.

Es ist jedoch nicht ganz ungefährlich, abzuwarten, bis das Unbewußte gewaltsam von sich aus diese Entwicklung einleitet, da in diesen Fällen das Bewußte oft nicht in der Lage ist, den gewaltigen Ansturm unbewußter Inhalte zu verarbeiten und zu integrieren. So bieten sich für dieses Unternehmen die erwähnten alten Systeme an, die den Menschen auf den Weg der Erkenntnis geleiten. Ich betone nochmals, daß all diese Systeme nur Hilfsmittel der Erkenntnis sind und deshalb auch nie Selbstzweck werden sollten. Die Gefahr des Selbstzwecks ist oft groß, da man sich in die Hilfsmittel so verliebt, daß man den Weg darüber vergißt.

Es ist ziemlich gleichgültig, welches der verschiedenen Systeme man als Hilfsmittel verwendet – sie sind bei richtigem Gebrauch alle gleich gut. Doch sind für die einzelnen Abschnitte des Weges die einen besser und die anderen weniger geeignet. Der Vollständigkeit halber seien hier die einzelnen Systeme ein wenig kommentiert und miteinander in Beziehung gesetzt:

Über die Astrologie wurde in diesem Buch am ausführlichsten gesprochen, weil ich die Astrologie für eine der besten Systeme halte, sich selbst und die anderen zu erkennen und zu verstehen. Von der rein technischen Seite her ist die Astrologie besonders exakt, da die Position der Gestirne für Vergangenheit und Zukunft mathematisch genau bestimmt werden kann. Betonen möchte ich noch einmal, daß zwischen den Gestirnen und den Abläufen auf der Erde kein kausaler Wirkungszusammenhang besteht, sondern die Gestirnskonstellationen eine übergeordnete Wirklichkeit abbilden, von der man auf jedes beliebige andere System schließen kann. Deshalb kann man auch ein Horoskop nicht nur für Lebewesen erstellen, sondern genauso für Verträge, Autos, Firmen usw.

Dies ist möglich, weil jeder Zeitmoment eine bestimmte Qualität besitzt. Alles, was in einem bestimmten Zeitpunkt geschieht, muß dieser Zeitqualität entsprechen oder, umgekehrt formuliert, in einem bestimmten Zeitpunkt können sich nur Ereignisse manifestieren, die der jeweiligen Zeitqualität entsprechen. Kenne ich auf einer Ebene die Ereignisse zu einem bestimmten Zeitpunkt, so kann ich hieraus auf die Ereignisse auf allen anderen Ebenen schließen, die zu demselben Zeitpunkt ablaufen. Die Ereignisabläufe auf den verschiedenen Ebenen stehen nicht in einem kausalen Zusammenhang, sondern laufen synchron ab. Dafür ein konkretes Beispiel:

Formuliert ein Mensch zu einem bestimmten Zeitpunkt eine für ihn wichtige Frage, so kann man auf den Zeitpunkt der Fragestellung ein Horoskop anfertigen, in dem sowohl die Fragestellung als auch die Antwort enthalten sind. Die fragende Person kann ihre Frage nur in einem Zeitmoment formulieren, dessen Qualität dem Inhalt der Frage adäquat ist. In diesem Augenblick müssen auf der Ebene des Himmels die Gestirnsstellungen ebenfalls diese spezifische Zeitqualität repräsentieren. Diese Synchronizität erlaubt es, von der einen Ebene auf die andere exakte Schlüsse zu ziehen. Voraussetzung dafür ist lediglich die Fähigkeit, daß man den Symbolwert der einen Ebene auf die Wirklichkeit der anderen Ebene zu übertragen in der Lage ist. Daß man gerade Gestirnskonstellationen als symbolische Vergleichsebene für die Aussagen heranzieht, ist völlig willkürlich; sie kann genausogut durch eine andere abstrakte Ebene ersetzt werden.

So kann man anstelle des Horoskopes zum Zeitpunkt der Frage ein paar Holzstäbchen werfen. Die Lage der gefallenen Holzstäbchen repräsentiert die jeweilige Zeitqualität. Kenne ich den Schlüssel, um die symbolische Lage der Stäbchen übersetzen zu können, so komme ich zu denselben Aussagen, die ich aus dem Horoskop gewonnen hätte. Dieser Weg der Holzstäbchen ist das alte chinesische System des I Ging. Genauso ist auch das so vielfach belächelte System des Kartenlegens (Kartomantie) zu begreifen. Hier schließt man aus der spezifischen Lage der einzelnen Karte auf eine andere Wirklichkeitsebene. Der Vorgang ist im Prinzip immer der gleiche, der Unterschied liegt nur auf der abstrakten Ebene, die mir durch ihr Symbol die jeweilige Zeitqualität offenbart.

Diese Zeitqualität, die als Ausdruck der kosmischen Ordnung die Synchronizität aller Abläufe in der Welt bedingt, ist beweisbar und von jedermann nachvollziehbar; wer sie leugnet, verschließt die Augen vor der Wirklichkeit.

Alles, was in einem bestimmten Zeitpunkt entsteht, wird von der Qualität dieses Augenblickes für immer geprägt; alles Existierende trägt den Stempel des Zeitpunktes, an dem es in die Wirklichkeit der Welt eintrat. Ein auf den Geburtsaugenblick erstelltes Horoskop ist ein solches Abbild dieses Stempels. Deshalb finden wir dieses Horoskop auch im Organismus selbst wieder. Hierauf beruht zum Beispiel die Irisdiagnose, die aus der Färbung und Beschaffenheit der Iris Rückschlüsse auf Krankheit und Krankheitsdispositionen ziehen kann. Die Iris ist im Grunde nur ein kleines Horoskop, das der Mensch mit sich führt. Das gleiche gilt auch für die Hand. Ihre spezielle Linienführung repräsentiert ebenso wie das Horoskop den Stempel der Entstehung und wird daher von der Chirologie als Ausgangspunkt für ihre Aussagen benützt.

Noch einmal: Es ist letztlich völlig gleichgültig, welches System man als Grundlage für seine Aussage heranzieht, wichtig ist nur, daß man die Übersetzung *des jeweiligen Symbols* genau beherrscht. Wesentlich an all diesen Systemen ist ja nicht, daß man mit ihnen in der Zukunft herumorakelt, sondern die Konsequenz, die sich aus der Tatsache ergibt, daß diese Systeme tatsächlich exakt funktionieren. Eine Zukunftsprognose hat keinen Selbstzweck, bedeutsam ist lediglich, daß sie möglich ist. Ein Beispiel: Ob ich jemand voraussage, daß er mit sechsundzwanzig Jahren in einen Unfall verwickelt wird, ist an sich relativ belanglos. Weitreichend sind nur die theoretischen Konsequenzen aus der Erkenntnis, daß man diesen Unfall bereits viele Jahre früher sehen konnte. Denn diese Erkenntnis zeigt, daß der Unfall erstens nicht zufällig geschah und zweitens, daß der Betroffene einzig und allein selbst die Verantwortung für diesen Unfall trägt, sei er auch rechtlich noch so schuldlos, sonst wäre die Prognose nicht möglich.

Die Konsequenz für unser Denken habe ich ausführlich im zweiten Teil dieses Buches dargestellt, jedoch erwähne ich sie an dieser Stelle absichtlich noch einmal, da leider auch in Fachkreisen allzuoft die Tendenz spürbar ist, ein technisches Hilfsmittel zum Selbstzweck zu erheben. So begegnet man leider immer wieder Leuten, die eine Technik perfekt anwenden können, ohne jedoch zu verstehen, was sie damit tun.

Waren die bisher genannten Systeme besonders gut geeignet,

die Frage »Wer bin ich?« zu beantworten, so steht uns in der Kabbala ein System zur Verfügung, das uns aufzeigt, in welchem Verwandtschaftsverhältnis wir mit der Umwelt stehen. Die Kabbala, wörtlich: die mündliche Überlieferung, stammt aus der jüdischen Kultur, ihre Grundlagen sind die Bibel und der Talmud. Das geheime Wissen der Kabbala wurde ursprünglich nicht schriftlich fixiert, sondern ausschließlich mündlich vom Meister auf den Schüler übertragen. Die Kabbala verknüpft alle Dinge mit den höchsten Urbildern, den zehn Sephiroth. Sie offenbart uns die ontologische Hierarchie der Sephiroth, wie sie von der noch unerschaffenen, rein geistigen Welt herabsteigen bis zu unserer Welt, in der wir leben. Aus der kabbalistischen Lehre entstand der Tarot, jenes geheimnisvolle Kartenspiel, das durch seine sechsundfünfzig Karten den Eingeweihten alle Geheimnisse der Welt offenbaren kann.

So, wie die Astrologie Voraussetzung zum Verstehen der Kabbala ist, so ist diese wiederum Voraussetzung zum Verstehen der Alchemie. Das Wort Alchemie (griechisch: Spagyrik) meint Evolution, Veredlung, Höherentwicklung. Die meisten Menschen assoziieren mit der Alchemie entweder den Versuch, aus Blei Gold zu machen, oder betrachten sie lediglich als einen Vorläufer der modernen Chemie. Beide Anschauungen sind grundfalsch. Die Alchemie ist ein esoterischer Weg der eigenen Höherentwicklung, der dual auf beiden Ebenen unserer Existenz betrieben wird, auf der geistigen wie auf der materiellen. Nur die gleichzeitige Vervollkommnung auf der materiellen wie auf der geistigen Ebene macht die Alchemie aus. Die verbreitete Meinung, es gebe nur eine geistige Alchemie, ist auch falsch. Der Alchemist vollzieht im Labor eine Veredelung innerhalb der Pflanzen- und Mineralreiche, um die daraus gewonnenen Einsichten und Erkenntnisse bei der Veredelung der eigenen Person anwenden zu können. Dabei ergibt sich das faszinierende Wechselspiel, daß der Alchemist bei seinen laborantischen Experimenten nur jeweils so weit vorwärtskommt, wie seine geistige Erkenntnis es zuläßt, er jedoch durch die Ergebnisse der Experimente seine Erkenntnis ständig erweitert.

Die Theorie der Alchemie ist in der Grundstruktur einfach: Alles, was die Natur hervorbringt, besteht aus den drei wesentlichen

Bestandteilen Seele, Körper und Geist oder, wie der Alchemist sagt: Schwefel, Salz und Quecksilber. Die alchemistische Aufgabe besteht darin, das jeweilige Produkt der Natur, das entweder aus dem Pflanzen- oder dem Mineralreich stammen kann, in diese drei Bestandteile zu zerlegen (Trennung bzw. *Separation*), jedes dieser Bestandteile zu reinigen *(Purifikation)* und daraufhin wieder zusammenzufügen *(Cohobation)*. Analog gilt beim Menschen, dem Vertreter des dritten Naturreiches, das gleiche. Um zur Vollkommenheit zu gelangen, muß der Alchemist in sich Seele, Geist und Körper trennen, reinigen und dann zum erleuchteten Menschen wieder zusammenfügen. Bei dieser Arbeit wird er schließlich den Stein des Weisen in sich selbst finden, entsprechend dem Goethewort: »Was nützt uns schon der Stein des Weisen, wenn dem Stein der Weise fehlt!« Nebenprodukt auf diesem langen Weg ist die Kunst, spagyrische Arzneimittel zu bereiten. Die Alchemie ist also der Weg, der zum dritten großen Ziel führt: zur Beherrschung der Materie durch den Geist.

Es gibt in unserer Zeit noch genauso Alchemie und Alchemisten, wie dies im Mittelalter der Fall war; Alchemie ist keine historische Episode, sondern nach wie vor ein Weg, den der Einzelne gehen kann, wenn er sich dazu reif fühlt. Für all jene fand im Sommer 1973 in Stuttgart der 2. Internationale Alchemistische Kongreß statt, ein Ereignis, das nicht nur die Presse in Staunen versetzte...

Religion

»In der Religion glaubt man, in der Metaphysik weiß man, in der hermetischen Philosophie versteht man, warum die Weisheit das Wesentliche zum wahren Frieden ist.«

Frater Albertus

Ich habe bisher ein Thema mit Sorgfalt vermieden – nämlich die Religion. Leider ist schon das Wort Religion mit so vielfältigen Vorurteilen belastet, daß die Wahrscheinlichkeit, bei diesem Thema mißverstanden zu werden, sehr hoch ist. In dem Moment, wo ich die esoterischen Disziplinen als einen Weg bezeichne, der zur Vollkommenheit des Menschen führt, tangiere ich jedoch das ureigenste Gebiet aller Religionen und muß über sie sprechen.

Geht man den beschriebenen Weg, dann stößt man, ob man es will oder nicht, auf religiöse Probleme. Doch was dann geschieht, ist überraschend: Man erkennt auf einmal die Sinnhaftigkeit religiöser Lehren und versteht ihre Aussage über die Kenntnis der Symbole. Dieses Erlebnis ist schwer zu beschreiben; es ist eventuell vergleichbar den bekannten doppeldeutigen Bildern, bei denen bei längerer Betrachtung das Bild umspringt und Figur und Hintergrund ihre Funktion vertauschen. Man sieht immer noch das gleiche Bild, und dennoch stellt es auf einmal etwas gänzlich anderes dar. So etwa verläuft dieses Aha-Erlebnis; auf einmal erkennt man, daß die Dogmen der Religionen Symbole für eine absolute Wirklichkeit sind. Die letzte Wahrheit läßt sich nicht in Worten formulieren, da sie ursprünglich unbewußter und daher irrationaler Natur ist, sondern läßt sich lediglich über das Bild, über das Symbol erfassen. Dieser Umweg über das Symbol ist aber nicht etwa ungenau und verschwommen, sondern wesentlich exakter als die Sprache.

Im allgemeinen versucht man, die Aussage der Religionen auf der Realitätsebene zu begreifen, ein Versuch, der entweder zu be-.

dingungslosem Glauben oder zu kritischer Ablehnung führt. Auf dem Weg der Esoterik jedoch lernt man über die Anwendung die Gesetze der Wirklichkeit kennen und begreift aus diesem Wissen heraus schlagartig auch die symbolischen Aussagen der Religionen. Erst an diesem Punkt wird Religion verantwortbar, da das Glauben vom Verstehen abgelöst wird. Durch dieses Verstehen werden auf einmal alle Religionen gleich wahr, weil alle Religionen die gleiche Wirklichkeit abbilden, lediglich durch andere Symbole.

Die Tatsache, daß die Kirchen sich untereinander Unwahrheit vorwerfen, zeigt überdeutlich, daß die Vertreter der Kirchen seit langer Zeit nicht mehr das verstehen, was sie lehren. Den Theologen fehlt zweifellos seit langer Zeit die Rückkoppelung zur Wirklichkeit, sonst könnte es ganz bestimmte Dinge, wie z. B. das letzte Konzil oder die moderne Richtung des atheistischen Christentums, nicht geben. Bereits der Vorgang der Reformation zeigt deutlich, daß die Kirche keine Verbindung mehr zu ihrer Wurzel hat. Ich bin sicher, daß es immer noch einzelne Theologen gibt, die nicht nur glauben, sondern auch wissen, doch dürfte die Zahl dieser Eingeweihten verschwindend klein sein.

Jede Religion war ursprünglich ein esoterisches System und ist es letztlich auch heute noch. Daß die Masse die äußere Form dieser Systeme an sich riß und mit ihrem Geist oder besser Ungeist ausfüllte, ist vergleichbar der Astrologie und ihrer Degeneration in den Zeitungs- und Jahrmarktshoroskopen. Man sollte das, was Menschen aus einer Sache machen, niemals dem System selbst anlasten.

Zweifellos ist jede Religion grundsätzlich dazu geeignet, ebenfalls als Hilfsmittel benutzt zu werden, um den Weg der Erkenntnis zu gehen. Ich habe jedoch den Eindruck, daß es für die meisten Menschen anfänglich leichter ist, die anderen Systeme zu benutzen, um erst einmal die Religion verstehen zu lernen. Nach einem gewissen Abschnitt des Weges findet automatisch die Synthese statt, die dann auch die bislang nur mißverstandenen religiösen Formeln schlagartig als einen esoterischen Schlüssel offenbart. So gilt auch in der Religion das Gesetz: nicht glauben, sondern selber erkennen!

Gott als das Symbol für das Unbegrenzte kann von einem begrenzten Wesen, wie es der Mensch ist, niemals direkt erkannt und begriffen werden. Doch Gott hat aus sich heraus die Welt erschaffen; das Unbegrenzte hat das Begrenzte geboren. Da er eine polare Welt geschaffen hat, können wir ihn über die Polarität der Erscheinungen erkennen. Unsere Welt und alle anderen Welten bestehen aus Geist, der sich in den verschiedenen Aggregatzuständen der Verdichtung manifestiert. Materie ist verdichteter Geist. Es gibt keine Trennung zwischen Geist und Materie. Beides sind lediglich verschiedene Zustandsformen, die Einheit offenbart sich immer polar. Daher ist der Mensch letztlich ein geistiges Wesen. Daher ist die Herrschaft des Geistes über die Materie möglich. Doch der Geist ist unendlich, ist unzerstörbar. Geist ist Leben. Ziel und Bestimmung des Menschen ist seine eigene Evolution. Die geistige Höherentwicklung bleibt niemandem erspart. Wann er den Weg beginnt, ist lediglich eine Frage der Zeit. Wer der Welt helfen will, beginne mit seiner eigenen Veredelung. Denn Blinde können keinen Blinden führen. Der Wissende kann aber wieder nur dem helfen, der Hilfe will. Gehen muß jeder den Weg selbst.

Schluß

>>Mit Leuten, denen ihr eigenes Ich eine Last ist, sollte man nicht über Unsterblichkeit reden.<<

Eugen Gürster

Dieses Buch wurde nicht geschrieben, um die Menschheit zu bekehren. Ich habe über das Thema des Buches unzählige Gespräche und Diskussionen geführt und kenne daher die verschiedenen Reaktionen und Argumente. Man kann die Menschen grob in zwei Gruppen aufteilen: Die eine Gruppe besteht aus aufgeschlossenen Zuhörern, die recht schnell begreifen, was man will und worum es eigentlich geht. Es sind wohl die Menschen, die, zumindest unbewußt, sowieso schon auf der Suche waren und nun das Angebot, die Behauptungen selbst nachzuprüfen, annehmen. Die zweite Gruppe besteht aus Menschen, die bereits bei der leisesten Berührung mit diesem Thema eine ungewöhnlich starke Abwehrreaktion zeigen. Diese Menschen behaupten zwar mit besonderer Intensität, besonders unvoreingenommen und offen für jedes >>vernünftige<< Argument zu sein, doch gerade jedes >>vernünftige<< Argument und jeder Beweis vergrößern die unbewußte Angst so gewaltig, daß jede weitere Erörterung dieses Themas völlig sinnlos ist. Die zweite Gruppe wird man nie und mit nichts überzeugen können, weshalb man es am besten auch von vornherein unterlassen sollte. Unbewußte Abwehrmechanismen haben schließlich ihren Sinn; es wäre wohl gar nicht zu verantworten, solchen Leuten ihre Lebenslüge gewaltsam zu entreißen. Man sollte warten können, bis ein Mensch reif ist, dieses Denken für sich zu akzeptieren.

Dieses Buch wurde für diejenigen geschrieben, die auf der Suche sind. Leider kann ihnen dieses Buch kein neues Wissen vermitteln, sondern bestenfalls ein Wegweiser sein. Den Weg muß jeder selbst gehen. In einer Zeit, in der die Nivellierung des Wissens und die Dummheit ihre Triumphe feiern, sollte man es nicht versäumen, ein Angebot in die Welt zu setzen. Danach kann niemand mehr die Entschuldigung vorbringen, er habe davon nichts gewußt. Wer es kennt, muß sich entscheiden. Ob er sich richtig oder falsch entscheidet, muß ganz allein er selbst verantworten.

**Jeder Mensch lebt mit Krankheitsbildern, die ein
Spiegel seiner Existenz sind.
Wer diese Bilder versteht, kann sein Schicksal
selbst in die Hand nehmen.**

Thorwald Dethlefsen/Rüdiger Dahlke
Krankheit als Weg
Deutung und Be-deutung der Krankheitsbilder
Jetzt durch ein Kapitel über AIDS ergänzt
384 Seiten mit 5 Zeichnungen

Gesundheit, so sagen wir, sei unser höchstes Gut. Welchen Sinn haben dann Krankheiten in unserem Leben?

Für den Psychologen Thorwald Dethlefsen und den Arzt Rüdiger Dahlke gibt es keine Vielzahl von Krankheiten, die man durch funktionale Methoden mehr oder weniger gut kurieren kann, sie sehen vielmehr in jeder Krankheit einen Ausdruck des »Unheilseins« des Menschen – oder anders ausgedrückt – der Unvollkommenheit seines Bewußtseins. Dieses existentielle Kranksein äußert sich in einer Vielzahl von Symptomen bzw. Krankheitsbildern, in denen sich die spezifischen Probleme des Menschen symbolisch manifestieren. In der Krankheit wird der Mensch ehrlich, da im Symptom nicht bewußt gelebte Schattenanteile seiner Seele korporal in die Sichtbarkeit drängen. So wird Krankheit zur Korrektur aller Einseitigkeiten und wahre Heilung kann demnach nur über den Weg einer Bewußtseinserweiterung des Patienten geschehen. Daher können Medikamente und Operationen Symptome nur oberflächlich und bestenfalls eine gewisse Zeit unterdrücken. Kranksein ist nicht vermeidbar; es begleitet den Menschen sein Leben lang und mündet schließlich in den Tod. Krankheit ist der Ausdruck der polaren Spannung, in der der Mensch lebt, und der ständige Versuch, ungelöste Konflikte über den Umweg des Körpers zu bearbeiten.

Alle diese Krankheitsbilder haben eine tiefere Bedeutung für das Leben eines jeden Menschen, sie übermitteln uns Botschaften aus dem seelischen Bereich. So kann der Leser dieses Buches lernen, seine Symptome als sinnvoll zu akzeptieren: Schicksal als Chance – Krankheit als Weg.

C. Bertelsmann

REINKARNATION

Joe Fisher
Die ewige Wiederkehr
12062

Joel L. Whitton
Joe Fischer, Das Leben
zwischen den Leben
11882

Ernest Becker
Die Überwindung der
Todesfurcht   11762

Rudolf Passian
Abschied ohne Wiederkehr?
11854

Kurt Allgeier
Du hast schon einmal
gelebt   11717

GOLDMANN

BEGEGNUNG MIT MEDIALEN KRÄFTEN

Kathrine Vande Kieft
Die innere Quelle
12055

Wingaite Paine
Der Weg zum Selbst
11886

Die Lazaris-Botschaft
12051

Edgar Cayce
Bericht von Ursprung und
Bestimmung des Menschen
11804

Edgar Cayce
Über Sexualität und
Erleuchtung   11877

GOLDMANN

AUSSERKÖRPERLICHE DIMENSIONEN

Moritz Boerner
Weisheit aus dem
Unbewußten   11824

Robert Masters und
Jean Housten
Phantasie Reisen   11843

Moritz Boerner
Das Tao der Trance
12050

Robert A. Monroe
Der zweite Körper
12059

Laeh Maggie Garfield
Jack Grant, Geisthelfer
11811

GOLDMANN

HEILEN MIT KOSMISCHEN KRÄFTEN

Wabun Wind/Anderson
Reed, Die Macht der heili-
gen Steine   12063
(Paperback)

Max Toth
Das Geheimnis der
Pyramid Power   11834

Edgardo L. Bieri
Spirituelle Medizin
11837

Barbara Ann Brennan
Licht-Arbeit
12054   (Paperback)

Lea Sanders
Die Farben Deiner Aura
11844

Ursula von Mangoldt
Das große Buch der Hand
11704

GOLDMANN

GOLDMANN TASCHENBÜCHER

Fordern Sie das kostenlose Gesamtverzeichnis an!

Literatur · Unterhaltung · Bestseller · Lyrik

Frauen heute · Thriller · Biographien

Bücher zu Film und Fernsehen · Kriminalromane

Science-Fiction · Fantasy · Abenteuer · Spiele-Bücher

Lesespaß zum Jubelpreis · Schock · Cartoon · Heiteres

Klassiker mit Erläuterungen · Werkausgaben

****

Sachbücher zu Politik, Gesellschaft,

Zeitgeschichte und Geschichte; zu Wissenschaft,

Natur und Psychologie

Ein Siedler Buch bei Goldmann

****

Esoterik · Magisch reisen

****

Ratgeber zu Psychologie, Lebenshilfe,

Sexualität und Partnerschaft;

zu Ernährung und für die gesunde Küche

Rechtsratgeber für Beruf und Ausbildung

Goldmann Verlag · Neumarkter Str. 18 · 8000 München 80

Bitte senden Sie mir das neue Gesamtverzeichnis.

Name: _____

Straße: _____

PLZ/Ort: _____